胭脂

盆地

简媜———

著

江苏凤凰文艺出版社

JIANGSU PHOENIX LITERATURE AND
ART PUBLISHING

图书在版编目（CIP）数据

胭脂盆地 / 简媜著. -- 南京 : 江苏凤凰文艺出版
社, 2025. 9. -- ISBN 978-7-5594-9994-3

Ⅰ. I267

中国国家版本馆CIP数据核字第20259ZZ804号

著作权合同登记号：10-2025-5

本著作物经北京时代墨客文化传媒有限公司代理，由作者
简媜授权在中国大陆独家出版、发行中文简体字版。

胭脂盆地

简 媜 著

责任编辑	项雷达
总 策 划	刘 平
图书策划	王慧敏 大 仙
营销支持	卢 琛
封面设计	所以设计馆
责任印制	杨 丹
出版发行	江苏凤凰文艺出版社
	南京市中央路 165 号，邮编：210009
网 址	http://www.jswenyi.com
印 刷	北京中科印刷有限公司
开 本	787 毫米 ×1092 毫米 1/32
印 张	5.75
字 数	105 千字
版 次	2025 年 9 月第 1 版
印 次	2025 年 9 月第 1 次印刷
书 号	ISBN 978-7-5594-9994-3
定 价	58.00 元

残脂与馊墨

　　毕竟是一件小事。那日清晨，打开大门，看见整夜狂啸的台风把盘踞两户二、三楼雨檐的数万朵焰红九重葛与砂土同时烙满我的门墙、玻璃窗。忽然，我被这样的暴力撼动，一种接近毁灭的美感，一种冷酷的纠缠。顿时浮现"残脂与馊墨"的意象，我想，就用这几个字保留那幅景致，顺便标示这本书的出版心情。

　　这本散文集大量记录了台北盆地，或者应该说，记录一个尚未根治漂泊宿疾的中年灵魂"我"在名为"台北"城市里的见习生涯。这样说的目的，是画蛇添足地指出收入这本书的故事，或多或少糅合虚构与纪实的成分。在散文里，主述者"我"的叙述意志一向被作者贯彻得很彻底，这本书不例外，但比诸往例，"我"显然开始不规则地形变起来，时而换装改调变成罹患忧虑杂症的老头，时而是异想天开写信给至圣先师的家庭主妇，时而规规矩矩说一些浮世人情。

虚构与纪实，或许这就是台北给我的一贯印象，她常常真实到让我觉得是个庞大的虚构。在台北过日子，需要具备萍水相逢、当下即是的修养。譬如你刚喜欢上一家餐馆，下次去已是柏青哥游乐广场；譬如刚记住一对新婚夫妇的电话，下次通话对方宣布已"分居中"；譬如刚打听到朋友任职的公司，打电话去获知"刚离职"。这一次与下一次的时间间隔有多久？对现代台北人而言，可能十秒，可能二十年。置身台北，我们必须开发的不是记忆能力，而是遗忘的速度。

也因此，在散文世界里自行归入抒情族裔的我，以流幻笔墨描述时常擦出虚幻冷烟的城市时，不免双重逸走。我鲜少记录可以与报纸、新闻相印证的流年大事，我迷恋的是长年处于基层的小市民生活圈，他们的一生跟改造社会的巨大力量沾不上关系，任劳任怨地活着，被决定着。每年清明节一定去扫墓，按时汇款给大陆亲人，忍受塞车之苦上下班、烦恼的时候到行天宫抽签，怪自己不会赚钱所以买不起房子或一天做三份工作为了房屋贷款。他们死的时候有法师或道士诵经。

《天堂旅客》《转口》《面纸》《阿美跟她的牙刷》《给孔子的一封信》《迟来的名字》……都是在这种迷恋的背景下写的。我乐于用抒情的文字保留他们的容颜与情感，他们的艰难与慈爱。

只有自己才明白迷恋的根源来自农村情结，在无法重回"已消逝的美好古代"之下，转而在繁华都会寻觅可以投射的人物，而我有理由相信他们大多是经济浪潮翻腾后分批自农村移入台北、尚未发迹的第一代或第二代。尤其是第一代，步入垂暮之年的，我对他们的情感无疑是农村时期乡亲大架构的延展。只有如此，才能解释为何关于他们的篇章"银发档案"，总是沾染悲调与灰彩，甚至出现舐犊之情。

除了少部分奉天承运继承"田侨"身份的第二代，大多数二十世纪五十年代后期至六十年代初诞生的这批人，不管套用"雅痞""单身贵族""顶客〇族"（夫妻双薪无小孩）、"双子星"（两个小孩）等时髦称谓，都很难掩藏他们大部分"都市新贫阶级"的事实。这批人归属"旧人类"尾巴，没摸到"新人类"的边，且逐渐成为"新新人类"叛逆的对象，不免有各种救亡图存的指导原则出现，《赖活宣言》里，那位墨镜诗人是个代表。

这本书的原始创作期长达五年左右，从零星篇幅到分辑整编，依例砍砍杀杀。五辑篇章各寓其旨，也各具声调，从辑一"赖活宣言"青面獠牙式的讽喻到辑四"大踏步的流浪汉"之感伤，有明显的落差。我想，留着也罢，好比年迈者追忆往昔，常常也是过度的怨怼夹杂无节制的缅怀。

台北有一种诡异的胭脂体味，仿佛一块混合各式花精的香膏，无意间掉入发皱的废池塘，慢慢在雨淋日晒中舒放，活起来，云腾腾地蒸出妖雾，学会俘虏路人，让他们在狂野与守旧之间受苦，在混沌与清明中轮回，在痴恋与遗忘里缠缚，在神圣与庸俗的夹缝喘息，在背弃与归航间踟蹰，在绝望与憧憬中不断匍匐。

故，名之为《胭脂盆地》。

目录

辑三

银发档案

辑五

停泊在
不知名的国度

辑一 赖活宣言

赖活宣言

我发誓，我是个彻头彻尾的悲观主义者，可悲的是，没人相信这话。那些自诩是亲密战友、终生良伴的好友们一听到我的论调，总会破口大笑，不择手段地讥讽我的信仰。我现在悔悟了，好朋友就是上帝派来打击你的密探。

所以，当某杂志的编辑小姐向我邀稿，写什么"面对新世界的新心情"时（她显然情报错误，才下这种乐观进取、手舞足蹈的题目给一个悲观主义者），我的心情非常复杂：一方面基于朋友应互相欣赏、支援的铁律，很乐意当"消防队员"，另一方面，昧着良心强颜欢笑去写乐观心情有违我的原则（还好，年纪愈大"原则"愈弹性）。我的确答应准时交稿，我的确没交稿。在第三通催稿电话中，她温柔地质询着：

"你不是说很乐意当'消防队员'吗？"

"原则上是，"我说，"可是忘了讲下半句，我常常会变成'脱星'！"

"脱星？"她的语气仿佛在质疑一根泡湿的火柴棒还能划出火焰吗？

"脱稿巨星，这是编辑行话，专门指那些坏坯子作家。我可以教你怎么算出每个作家的'脱稿率'！"

她显然对这不感兴趣，只关心什么时候交稿。

"明天的明天一定交，再不交，我就是小狗！"

这时，她讲了一句令我痛不欲生的话："你变成小狗，对我有什么好处？"

我相信她将是非常优秀的编辑大将或一流的讨债高手，因为缺乏同情心。而我除了乖乖交稿，再也不能要出"你罚我跪汽水瓶盖，你租流氓揍我算了"之类的赖皮伎俩了。

挂电话之后，我有三秒钟"被迫害"的沮丧感，于是立刻拨电话给欠我稿子的 W 君，以资深编辑的口气说："三天之后，如果我没有看到'您'的稿子，您知道狼牙棒的滋味吧！"讲完后，通体舒畅。

于是，我想到一个人。

有个朋友，如我们所知的悲惨通俗剧的男主角，他不小心住在台北，不小心结了婚又不小心生了两个嗷嗷待哺的可爱儿子又不小心贷款买了车子、房子（什么子都有，就是没银子），最要命的是，他不小心是个诗人。浪漫是非常可怕的东西，使他像对统一发票一样每逢单月就发作一次，不小心加重肩头负担。除了在一家小公司上班保有固定且微薄的薪水之外，他也在两所专科学校兼课，又每周飞东、西、南部补习班教数学。他在飞机上写诗，诗愈写愈短（接近俳句），人愈来愈胖。而且由于飞机坐太多了，每当他想运动时，就不小心做出空中小姐示范穿救生衣的动作。

在一次夏季海滩之旅，我看到他穿一件非常鲜艳的印着凤梨、西瓜图案的夏威夷衫，框个大墨镜，大八叉仰卧沙滩上正在哼《离家五百里》那首老歌，捏扁的可口可乐罐很委屈地歪在肚子上像个怨妇。他哼两句，唱一句。我突然觉得整个海滩都不对劲，也许是炙热阳光照在凤梨、西瓜衬衫上令我不耐烦，也许那首老歌勾起潜意识底层某些不愉快的记忆。我站着看他，仿佛看到他的美丽妻子正与两个可爱儿子手拉手站在他的头顶上空跳舞（仔细看，还看到他的老爸老妈、岳母岳父、小姨小舅）。他继续唱一百里、两百里、三百里……我又突然想起加缪《局外人》中海滩、阳光、枪杀阿拉伯人的情节。如果手上有枪，说不定我会在不可抗拒的蛊惑下枪杀一个正在哼《离家五百里》却丧失离家资格的墨镜诗人。他的歌声太像在对命运之神诉苦，而我责无旁贷应该是拯救苦难同胞的狙击手！

我坐下，继续啃义美红豆牛奶冰棒。很遗憾它不是枪。阳光是冷的，冰棒是烫的。我讨厌冰棒。

于是，像通俗剧的发展，我开始跟他"拉撬"——聊天、扯屁、搅局、调戏之意。例如：老板与总经理正在“拉播”加薪比例等等。

“嘿，墨镜诗人，什么时候出诗集？”

他这才发现我，坐起身，退下墨镜，抹一抹眼屎，弹个花指，又戴上墨镜，重新躺下：“没人肯出。”

“你知道问题出在哪儿吗？”

他很正经地以两坨大墨镜对着我，使我原本想说的关于文学人口如何流失的严肃意见消散，被那两坨墨镜勾起突梯、滑稽的想象，于是我伤害了他：“你的诗只有盲人才看得懂！”

我大笑。没想到他比我还乐：“也不错啦，重见光明。”

我笑不下去了，这家伙是个无药可救的乐观主义者。就我的逻辑而言，从墨镜联想到盲人，墨镜诗人的作品只有盲人才看得懂，是基于无法用红豆牛奶冰棒枪杀他以致改用吃红豆牛奶冰棒的嘴说话伤害他。某种程度而言，等同于枪杀了。而他整个扭曲我的原意，他认为他的诗可以使盲人重获光明。

我感到无趣，叹了一口气。

“你有没有看过我儿子的照片？”

他从海滩裤口袋掏出皮夹，打开，抽出照片，我接了，看一眼，还他，“很可爱。”我说。我比较有兴趣的是皮夹内的卡，信用卡、贵宾卡、通提卡、挂号卡、打折卡……卡愈多表示被“卡”得愈紧。他的卡蛮多的，刚刚瞄了。儿子有什么好看的，满坑满谷的小孩子，在地球上。肮脏的海水浴场，海浪机械式地扑向沙岸，嬉闹的孩子们框在救生圈里玩水，男男女女的泳衣肉体追逐五彩海滩球，不远处飘来烤香肠的气味……我觉得腻，这个世界太痴肥了。这就是人生吗？这就是我们所热爱的混账人生吗？

在我陷入严重疏离状态时，他唠唠叨叨说了些银行贷款、保姆费、牌照税、保险费之类的混账名词，我非常不耐烦，几乎要用我尊贵的左脚踹他那圆滚滚的肚子时（对不起，插播一下，悲观主义者通常有暴力倾向），有一句话把我拉回现实，他说："我的人生剩什么？混吃、赖活、等死，就这回事！"

好险，幸亏没踹，是个同志呢！

"唉，你干脆写一本《赖活手册》算了，别写诗了。"我兴奋地说。狗改不了吃屎，编辑改不了拉稿。

他有精神了，侃侃而谈现代台北上班族，尤其像他一样"五子登科"每月至少十万才能打平，加上侍奉父母、红白献金、弟兄弹性借贷的中年男子随时随地充满疲惫、无力感，赚钱速度永远赶不上花钱速度，只看到脚上荆棘，嗅不到远方玫瑰（大概指没能力奉养"外婆"——外面的老婆）。为了薪水及劳保，不敢对老板拍桌子摔椅子；为了孩子，不敢对老婆大小声，狗还有狂吠的自由，他不如狗。

"所以我跟自己讲：老李啊，"他说，"你就认了吧，一辈子当乖宝宝，万一有一天'过劳死'，大家会说你是个'好人'，跟你鞠躬！"

"是，"我说。"不是。"我又说。有什么差别？坏人的灵堂放黑白照，好人放彩色照？也许好人收的奠仪多一点！我偷偷觑他一眼，太绝望了，他那张脸收不到多少钱。

"还能怎样，赖活嘛！"他几近自言自语，不停地捏那口空罐，捏牛奶似的，"比方说搭飞机，你以为我不怕啊，怕得半死。转个念头，摔飞机也不错嘛，捞个赔偿金给儿子当教育基金，说不定我还变成徐志摩第二咧！"

"是啊是啊，诗还选入中学课本，两大报给您做'寿版'，风风光光的！"我奉承着，"扯远了。我们这些饿不死吃不撑的都会小市民太需要您这种睿智的赖活哲学，讲真的，说不定这书登上排行榜，您下半生就靠它吃穿了，而且，有能力养几个热乎乎的'外婆'！"

"外婆不是只有一个吗？"

这家伙太纯洁了。

如同我们所知的狡诈编辑与伪善作者的"拉摆"关系，墨镜诗人最后答应给我一本《赖活手册》。就这点而言，我觉得自己挺卑鄙的——这话别往外传，免得毁了我的一世英名。不过，光阴似箭、日月如梭，那家伙从此杳无音信，也不知正在"赖活"呢，还是正在写《赖活手册》？

我的嗅觉告诉我，这猪八戒一定躲到飞机上写诗，他始终相信他的诗可以使盲目的人重获光明。提醒我，下回碰到别忘了踹他个二百五，悲观主义者通常有暴力倾向，在我们这个充满奇迹的城市。

他 们 俩

　　从前，有个不可救药的乐观主义者——由于他的顽固，我们姑且叫他"老乐"。总之，老乐破产了，而且破得光溜溜。由于他天生丽质，脸部肌肉丰腴富弹性，无法负荷"眉心深锁"这等高难度的动作，只象征性地用力将两条毛毛虫似的眉毛聚拢，让它们接了吻，但不超过三秒钟，其皱褶亦不足以夹死一只有厌世念头的蚊子。他很快被一种类似轻微触电的麻酥感抚慰，以快乐的企鹅舞步跑进本市最昂贵的法国餐厅，点了一客"生猛"大餐。他充满自信地说："弟兄们，把所有带壳儿的海鲜给我端上来！"老乐相信，总会吃到一两颗珍珠的。

　　从前，也有个顽固的悲观主义者——由于他的不可救药，我们姑且昵称他"老悲"。总之，老悲发财了，可能天上的财神为了补偿他所受的苦难，或是受不了那张像捕蚊灯到处夹死快乐蚊蝇的皱褶脸，拨下一笔丰厚的财富替他整容。可是，任何医术高明的整容诊所，一看见老悲，马上挂出休诊牌——谁能把炸得油脆的春卷皮摊回原样呢？老悲闷在家里，对着一堆金山银矿发愁，他的皱褶脸因这桩意外的痛苦而抽搐得更厉害，渐渐像一把炸骨扇子。他周遭的亲朋好友莫不替他感到兴奋，伸出垂涎的长舌朝他谄媚地吠着。老悲卡了，觉得人生是一出导演与观众串通起来凌虐演员的戏！他终于决定在罢演之前，解决那堆披着财富外衣事实上是极力耻笑他的道具。

铁板烧上，只剩最后一只蚝了。老乐回头看看站在身后的两名面带微笑的侍者，他们结实富弹性的膀肉裹在袖子里，带着一种按捺不住的冲动。老乐掰开壳儿，伸出红肿的舌头"咻"地吸入，鲜嫩的蚝肉滑到喉头就停了，他已经吃到凡人做不到的境界。老乐擦着油腻腻的手，问："你确定所有带壳儿的玩意都在这儿吗？""嗯。""没骗我，嗯？""嗯。"

老乐撕出一根牙签，剔得咂巴咂巴，趁他专神搞牙齿，其中一名侍者以舍身救人的手势收走其余牙签。老乐带着微醺的满足，温柔地、慢悠悠地说："烧得不错，可惜——货不实在！我看，自贵店开张以来，我是第一个说真话的吧，不容易啊，花了我老半天的工夫……"接着，以非常权威的口吻下结论："现在，很明显，你们只有两条路：第一，给我一份工作，职位由你们定，我不坚持啊（老乐习惯性以'啊'字加重语气），第二种，程序上比较麻烦，但也不是无法克服，送我上警察局。不过，我有个小小要求，得送到有躺椅设备的，我现在迫切需要打个盹儿！"

当老乐呼哨第三声响嘱时，餐厅的经理基于保护其他海鲜的责任，非常睿智地选择第二条路。老乐虽不同意，但可以接受。他礼貌地对两名侍者说："麻烦二位架我起来，我撑得极困难！"老乐被架出大门后，一路称赞左右护法之孔武有力，并为他们被大材小用的处境深感同悲，开始发表对这家餐厅经营不当及瘦子经理待人不够厚道的卓见，建议他们趁早转行，并传授青年创业十大秘诀。三人在小公园的树荫下，密谈辞呈的写法，激动地抽光一包烟。

老乐从酣畅的午眠醒来，天黑了一半，小公园居然连半条溜达的癫痫狗都没！其实，黄昏时候曾有不少人畜企图在老乐附近哈凉，都因受不了他那足以蒸熟三笼小笼包的鼾声而自动走避。当老乐被自己的大呵欠感动，流出快乐的薄泪时，他看到一个瘦了叽叽的男子拖着一袋疑似垃圾的玩意儿向公园走来。

老乐捡起一根稍长的烟蒂，浑身摸索一阵，朝他喊："嘿，老兄，借个火吧！"

老悲，当然是老悲，宛如关西摸骨，以认错的态度晃两次脑袋。老乐拍拍座椅，示意他过来坐下。

"什么玩意儿？看起来挺重的。"

"垃圾。"老悲哽着喉咙说，仿佛千里马终于碰到伯乐，语气难免掺了点撒娇味。

老乐行侠仗义的瘾头犯了，开始剀切批评任何有良知的人都不应漠视一个孱弱男子负荷如此沉重的垃圾袋而不伸出援手。最后，用力拍了老悲的大腿："我以胃里的蚝肉起誓，我替你把那堆废物扔进垃圾箱！"

老乐英勇地扛起布袋，虽然沉甸甸的废物差点闪了救生圈般的腰肢，但为了在见证者面前完成神圣使命，依然前仆后继朝垃圾箱挺进。忽然一个踉跄，老乐狗趴式扑在袋上，无数叠簇新的大钞蛊惑他的瞳孔，他第一次发现老悲长得怪英俊的。

他惊讶地回头搜寻老悲的踪影，看见老悲正以瘸腿狗般的快乐舞步逃逸，老乐涌上有生以来的第一次自责：刚刚，他实在不应该拍痛老悲的大腿！

最后，如我们所知，品格崇高的老乐把数百万元大钞悉数捐给"慈济功德会"，在梦中。

一九九〇年七月发表
一九九四年六月修订

大 忧 大 虑

咱们老祖宗撂下一句话："人无远虑，必有近忧！"吾自幼愚鲁过人，四书五经倒背如流，倒背如流的时候嘛，"忧近有，必虑远，无人"。嘿嘿，我正面背不住嘛！甭提别的，这道理老梳不顺，到底忧了近的，必得虑远的；还是有远虑就省了近忧？这且不管，咱们老祖宗可真聪明——你想，不聪明他能当咱们老祖宗吗？他把咱们现代人的脾气摸得熟透哪！怎不熟！没熟能吃吗？

打良心说，这忧虑还真管用哩！您瞧，红红的太阳挂在天上，一朵白云飘过山。万里晴空一朵云，好风景！不好，我说，衣裳收了没？收了。老狗拴了没？拴了。鸡鸭牛羊圈了？圈了。锅勺碗瓢搁了没？搁哪儿？搁地上嘛！您没瞧见地上画好多记号。哟，您快瞧，它真给我料到，它下雨喽！咱搬把小板凳，往门口一坐，耳边儿稀里哗啦，嘴边儿呼噜呼噜——咱呼烟赏雨嘛，多称心啊！您问那锅勺碗瓢干吗搁地上？这，不瞒您说，老屋子嘛年久失修专漏点小雨。您问干吗不修它？嘿，我干吗修它？锅勺满水怎么办？嘿，我往外泼呀！屋顶漏窟窿怎么办？嘿，我早料到喽，您瞧，伞在这儿。

这忧虑到了现代人手上，套句老祖宗的话壳子，变成"不患人之不己忧，患己之不忧人；不患人之不己虑，患己之不虑人。"翻成白话是：不怕人家不忧咱们，怕咱们没忧人家；不怕人家不虑咱们，怕咱们没去虑人家。说得省事儿点，不怕人家没惹毛我们，怕我们没惹人家的……没惹毛人家。

有例为证，我有个世伯，做营生的，白手起家，东奔西跑南来北往，钱也攒了，老婆"大小"齐全，儿子"好歹"一窝。人生至此，夫复何求啊！不，他老人家把胃给搞垮了。您想，胃搞垮了还能吃香喝辣吗？找医生，医生说：张董，您得细嚼慢咽。那怎成，我应酬多，光是家常便饭一天六餐。六餐？大小老婆通吃嘛！

医生说，这么着，您每吃一口饭自个儿心里数，数十下才吞，包管您不闹胃。这回他听话了，果然半月不到胃就乖了。

我这世伯人无远虑必有近忧，从此立下家规，每吃一口饭必嚼十下方可吞，违者休分家产。

"大宝，再嚼三下！"

"老三，还欠一下！"

"四宝他娘，十二下了，吞！"

果然半月不到，一喊开饭只他一人上桌。怎啦？还能怎啦，全溃疡了。

话说这忧虑也分大小，您比方说吧，两岸统不统一，核电厂盖不盖，这是小忧小虑。怎不是小忧小虑？一小撮人去忧够了嘛！民主社会咱们老百姓最大，大人物还忧小鼻子小眼睛这像话吗？什么算大忧大虑，您听好，张家的土狗有没有惹陈家的圣伯纳犬啦，李家的媳妇芝麻绿豆有没有分开放啦，你说这不值得忧？您没听见老祖宗吩咐的，"民吾同胞，物吾与也"，芝麻多贵气呀！

我有个远房表姐，她可真是大忧大虑。这几日大雷雨，她摇了个电话给我。

"猴崽儿，这雨下得没分寸，宜兰县冬山乡冬山河东南六里那座桥恐怕冲垮了吧！"

"好姐姐，您放心，没事儿！"

"你怎知道没事儿？呜呜呜，我命苦！"

您瞧，多大的胸襟！她家住宜兰？不，她住台北。娘家在宜兰？不，也在台北。她打出娘胎没去过宜兰。她一年前看连续剧知道有座桥的。您问我垮了没，到底？没垮没垮，我……我摇了个电话给冬山乡派出所。我闲着也是闲着嘛！

您甭说别的，昨晚，我那表姐又摇电话来，嗬，那个哭劲儿！

"呜呜呜，猴崽儿，阿娇搞了个老男人，呜呜呜，好端端的闺女……"

不是，阿娇不是她女儿，我表姐不作兴生女儿；阿娇是她早觉会认得的李奶奶隔壁家王大妈的女儿。嗬！不关她的事！您懂不懂不患人之不己忧，患己之不忧人？我表姐慨然以澄清天下为己任，先天下之忧而忧，后天下之乐而乐，您懂个啥？她自然也有乐的时候，别人跟着忧，她就乐了嘛。

您等会儿，电话响了。

"喂，喂！表姐您早哇，猴崽儿我啦！"

"猴崽儿！男人坏，男人专偷腥，嗬嗬嗬……"

"莫哭莫哭！您稳着点儿，我马上报警！"

我表姐来电话，男人偷腥嘛男人坏嘛！您问我表姐夫偷腥？不，不是他，他没这本事，他死了好多年啦！我这表姐夫真是神算，他死前拉着我表姐的小手：

"阿妹！年头不像样，野男人都出笼了，你能走大路，就别走小街，能走小街，就别穿巷弄啊！"

您给瞧瞧，生年不满百，常怀千岁忧，还真给他忧到咧！还有谁，巷口卖豆浆的老王嘛，当着大伙儿的面送我表姐一副油条不收钱，我表姐嫌它老。

远的不说，我对门的张太太也是个大忧大虑的女杰。前阵子，做老公的孝敬老婆，订了票上剧院看芭蕾。衣衫革履，珠光宝气，啧，多光鲜哪！招了出租车往前开，过第一个红绿灯：

"不成不成，回家！"

"怎啦？"

"我忘了锁门！"

下车，锁门，上车，得。过了第一个红绿灯：

"不成不成，往回开！"

"怎啦？"

"我忘了关煤气！"

下车，开门，关煤气，关门，上车，得。又过了第一个红绿灯。"

"呀！不成不成啦！快回家！"

"又怎么啦你！"

"我……我忘了穿鞋儿！"

这整晚就看到一辆出租车在舞芭蕾。

光说别人，说说咱自个儿吧！不瞒您，我挺羡慕人家多忧多虑的。您说没忧没虑没烦恼，您这么说不招人笑话嘛！您问我有啥忧虑？不早说了吗，吾自幼愚鲁过人，说真的，我到现在还在忧虑为啥我没有忧虑的事儿？

一九九一年四月发表
一九九四年六月修订

018

给 孔 子 的 一 封 信

孔子先生：

很不好意思占用您的宝贵时间，我是您的崇拜者，现在在做家庭主妇，我一共生了三个孩子，一个老公。

实在是很不得已的啦，我也不知道您家电话（一〇四说没有登记），只好写信。那我也没有念很多书（因为家庭环境不是很好，只有念到小学三年级就完毕了），如果讲得不清楚，请您不要给我见笑。

我不是有三个小孩吗？生也是我，养也是我，教也是我，我那个老公只管赚钱，只会"呷得肥肥，装得锤锤"什么都不管，他连小孩念几年级都不知道。现在大的念高二，老二升初三，最小的小学六年级，功课都在四十名左右，反正不要"吊车尾"最后一名就可以了。可是，最近半年来，我实在

"强强欲抓狂"，电视说好多初中生、高中生跳楼自杀，有的有死成功，有的没有成功，我看了心脏快要停掉。您知道吗，我家住八楼，我很害怕小孩会从窗户跳下去，所以就叫人来装铁窗。可是也有的小孩在学校跳啊，那我又不能叫校长统统装铁窗。我老公看到这种新闻就发脾气，那个报纸跟新闻都有把小孩的父母照出来、名字写出来，我老公就骂小孩说："你们要是敢去跳楼害我上报，没跳死我也把你'揉'蚂蚁一样'揉'死！"我实在很舍不得那些小孩，也替他们的父母心酸，养一个小孩到十六七岁很不简单的咧，要花很多辛苦的咧，他跳完就溜溜去了，可是他父母还在活，以后他妈妈听到别人说"我小孩怎样怎样"时，心会像刀子在割，那个头永远抬不起来。报纸、新闻又把父母名字写出来，看起来好像他们害死小孩一样，有够没天良！孔子先生，我很不了解为什么小孩吃饱了要去跳楼，您比较有智慧，可不可以劝他们一下，就是说，父母生你养你，没有功劳也有苦劳，做父母的很痴情的，就算小孩出生的时候算命仙说他到十七岁会去跳楼，做父母的也会很痴情地把他养到十七岁的。孔子先生，拜托您一定要把这个意思讲给他们听，要不然，"砰"，跳一个，"砰"，跳两个，那我们女人再会生也不够他们跳啊，对不对！

　　另外，我家这栋楼的妈妈们常在一起聊天，她们有的想把小孩送到外地，有的把户口迁到好一点的学区，听说这样小孩才会考上好学校。我也很想这样做，可是因为我先生不是很会赚钱（房子还在贷款呢），我又听她们常常在比送什么礼物啦，请家教啦，上补习班啦，好像那个好学校的好班要花很多钱的样子。有一次，有个妈妈就在叹气之后提到您的大名，说："要是孔子在就好了！"我第一次听到"有教无类""自行束脩以上，吾未尝无诲焉"的"教育理想"。我知道"有教无类"就是"有给他教，没有给他分类"，"束脩"就是肉干（我有去查字典）。我觉得您实在有够厉害，心肠这么好，观世音菩萨会保佑您全家的！您可不可以出面去跟那个教育部门负责人讲一下，不要给小孩分类，又不是环保部门，要分玻璃罐、铝罐对不对！还有，您可不可以上电视跟做父母的讲，不要逼小孩一定要考上建中、北一女、台大嘛，念书跟吃饭差不多，要是小孩的胃很小，你逼他吃大胃才吃得下的东西，那他的小胃就会爆炸，像我小时候帮家里卖鸭，为了重一点，拼命用唧筒灌饲料，就把鸭子的胃灌破了！我觉得小孩健健康康，长大不要去抢银行、杀人就好了，你逼他拿第一名，就算是全校，也不是全台、全世界第一啊！像我，就不会逼小孩考第一，因为我不是第一名妈妈怎么可能生出第一名的小孩呢？对不对！

不过，我听那些妈妈在讲，好像现在的教育问题很严重。我不像她们有学问、会讲话，所以就想写这封信给您，请报社帮我转一下，我是想说，既然您教书的口碑那么好，不知道您有没有开暑期辅导班？我有去侧面打听啦，听说您的学生没有念到一半去跳楼、自杀的，我想请您"出山"来教我的小孩，这样我就不必"吊胆"了。可不可以请您寄招生简章跟报名表给我（要十份，隔壁陈太太、三楼李太太、四楼林太太……都要）。

还有，不知道您比较喜欢吃"新东阳"肉干还是"黑桥牌"？一百盒够不够？还有就是说，孔子先生，肉还是不要吃太多比较好。

敬祝健康

简太太敬上

几天后，这封信被退回，原因：查无此人。

一九九一年八月发表

一九九四年六月修订

瓜 田 启 示 录

从某个不太好意思说的角度来看，文字思想工作者的脑袋瓜就像一个个台湾名产小玉西瓜，必须密切注意瓜肉变化（因为，台湾是个气候、土壤长期不稳定的地方），且要随时利用科技检验是否残留农药，以免在可预见的将来毒害了纯洁、毫不知情的"军民同胞"。所以，西瓜的监护人——瓜子手，是绝对必要的，要不是他们深谋远虑，咱们的瓜田怎么长期保持无污染、无公害之"净土"，而且保证西瓜的质量"稳定"？这一点，我们都必须"感恩"。

但是，听多了"瓜熟蒂落"的故事，成长中的西瓜们得了集体抑郁症，不知自己是否为下一个"上选西瓜"？尤其那些聚谈世事、慷慨激昂，不懂在嘴唇上装拉链，知无不言、言无不尽者；经常舞文弄墨，大燃文字鞭炮者；博购群籍，从老马到新马，通史到四百年史，有书必买，有买不一定读的书痴；喜爱"搭会"——读书会、研讨会、策进会、改革会……渴望与天下英雄豪杰风云际会，是故不断"以会养会"，不知不觉变成会长的；积极参与静坐游行，喜欢坐在第一排，不拒绝接受记者访问的；到处留下签名联署的。他们有理由相信自己已在品管的显微镜底下。这得怪他们太早被"解严"乐昏了头，按照当地人的习惯，严是解了，绳子永远不死。

为了安抚受惊的西瓜们，某个以正直、敦厚被小瓜们信任的老瓜，组织了"躲避球联谊会"，秘密教授"瓜田防身术"，声称灵活运用后，必能躲避瓜子手的眷顾。一时众瓜云集，各路的"问题西瓜"均前来聆听教诲。

首先，买一本辞源字典、一张全台地图，自行设定密码系统，将所有不欲为外人知的通信资料以密码转记在字典上。例如，你的朋友王大同，住仁爱路四段三巷二弄一号，假设你给仁爱路的代号是 B，则在字典"王"字那页写下："TT（英文名缩写），B4321"，至于电话号码，则以"二四六分明，一三五七递位"法，第二、四、六数字不动，第一跑到第三，第三跑到第五……所以，七三六一二三四转换后变成四三七一六三二，包管无人能解个中玄机。

平日与同伙讲电话，亦用密语交谈，把关键内容夹杂在拔牙齿、配眼镜、缺钱等生活琐碎里。通信内容则大写老婆闹情绪、儿子考试不及格等家务事，但在第一段第一行、第二段第二行（以此类推）埋伏主要消息，最好广泛搜集公家单位或企业团体信封，以乱人耳目。万一必须印制文单宣传，别呆头呆脑找同一家打字行、印刷厂，至少找三家，混在郊游烤肉之类的内容里，再自行裁切装订完成。凡属不宜曝光的"异书"，撕去书名、作者资料，"分尸"后分别粘入言情小说或《圣经》内。交换秘密包裹，不妨选在医院见面。切记远离相机，所有的镁光灯都是危险的，凡必须缴交照片，永远以五年前的大头照应付，保持容貌距离。你要练习两手两脚都能写字，以混淆字迹。尽量自备餐具茶杯，免得到处留下指纹。你更要养成写日记的习惯，长期制造一种贫乏、安分、单调的思想假象，日记是用来说谎的最佳途径。至于重要密件，你可以化整为零记在棉被套的内里、马桶水箱盖内，装入玻璃瓶埋到花盆里，塞入贡丸藏到冰箱冷冻库，卷成小棍状塞在圆珠笔杆里……千万注意垃圾桶，废弃文件、往来信函一律火焚。在外头餐厅密谈后，不要收取发票（它把时间、地点及可能的用餐人数都记在里面），店内的名片、火柴盒也不要拿，这些东西很可能变成物证。不必急着信任朋友，你可以故意透露几桩私情给几个朋友，暗中追踪口耳相传的线路，掌握朋友们的人际网络，再决定交往程度。最好，你的记忆力超强，则悉数毁掉所有文件。还有，戒掉说梦话的习惯，改用磨牙。

"瓜田防身术"开课没几天，西瓜们忽然集体失踪。那个老瓜"蹲"了一阵子后以受难英雄的形象回到瓜田来，如我们所知，他又在积极筹组"躲避球联谊会"，秘密传授更精湛的防身术，报名的"问题西瓜"非常踊跃。当然，也如我们所知，第二届的西瓜们又变成一个个傻瓜了。

一九九一年六月发表
一九九四年六月修订

老 神 在 在

话说茫茫苍天之下渺渺瀚海之上，有座"万岁岛"。据闻，此地乃彭祖行宫、徐福炼不老丹之秘所也。如是钟天地毓秀，吸日月精华，兼得高人妙丹护庇，岛上四季花开，飞鸟合鸣，百兽率舞，人居其中，参育得道，百岁童子犹能跳梁，千年壮士尚能酒肉，诚乃人间仙境也。

于今，虽残花败柳，山川变色，有碍岛容，然"万岁"美名岂能辜负？故有志之士勤炼不老功，服长生丹，以晋千秋万岁之爵。此功艰险，生性驽钝者，贸然试之，必肝脑涂地。凡天资异禀，上承皇恩沐浴，下继祖德功勋，前有高人指点，后得重臣提携，左有天花散女，右得天龙八部护法，则日月神速，浑然天成，终能寿比南山，福如东海，万寿无疆。

近日，岛上议论：某院某会频传武斗，有辱声誉，真市井小民之见也！据载，此院乃彭祖行宫旧址，彼会为徐福炼丹遗迹，仙气未散，乃切磋神功、琢磨绝技之佳所。证以圣人之言："天将降大任于斯人也，必先苦其心志，劳其筋骨……"众武士骁勇善战，兼能摒弃门户，群殴论艺，拳脚与茶杯齐飞，领带同发丝共舞，其盛况之空前，振聋启聩，大快人心。家国大任幸得所托，乃万民之福矣！身怀不老神功者，虽大有人在，然万仞宫墙，岂容俗子一窥堂奥。为免抱憾，今特将秘籍公之于世，或能望梅止渴，画饼充饥，稍慰我辈"老怀"。

不老神功五式，循序渐进，不得有误。

一式：皮老肉不老，谓之"人瑞"。

二式：肉老骨不老，谓之"人妖"。

三式：骨老心不老，谓之"人精"。

四式：心老气不老，谓之"人仙"。

五式：气老魂不老，谓之"人神"。

噫，奇哉！"万岁岛"上老神在在。

一九九一年四月发表

一九九四年六月修订

天 堂 旅 客

泥水匠阿福被带到旅馆房间门口,穿白制服的侍者念了几条注意事项,嘱咐他不可乱跑、等候分发后,急急忙忙走了。现在正是旅游旺季,刚刚阿福看见好多旅行团还在大厅等候登记入住,虽然有很多疑问想要请教,但他体谅工作人员人手不够,也就打消了。

阿福进门,看见有个人坐在单人床上掩面痛哭,手上露出晶亮的腕表及一颗蓝宝石钻戒,那套质感高尚的深色西装令阿福羡慕死了。

他把水泥抹刀放在另一张单人床边,开始打量房间设备。烟波蓝色调的装潢使整个空间如初春的海洋般充满生生不息的魅力,阿福憨憨地开出一朵微笑。

"你是谁?哟,吓死人,血……"那人按了电话铃,由于肥胖过度引发气喘。阿福脱下沾满血迹的衬衫进盥洗室冲洗,听到话筒传来女人回话:"没办法,他比你晚三秒钟报到,按规定两人一间嘛……换房间？先生，你以为你在五星级饭店啊！总统来也一样，给我闭嘴！"

阿福安静地躺在床上，感到未曾有过的舒适。他一辈子没住过旅馆，甚至连房子都没有。

"什么破店！连酒吧都没！"那人嘟囔着。

他挨了刮，似乎接受必须与另一个人同住的事实。干脆把阿福当听众，掏口袋想拿名片，忽然自嘲："什么都没了！"阿福恭恭敬敬地坐直，掏出半包烟敲一支敬过去。"太好了！医生根本不准我抽。你知道，命要紧哪！"他接着以充满感情的声音怀念医生、家人及豪华宅邸、可爱的台北市，当然包括致富诀窍。阿福完全听不懂，他印象中的城市好像不是这样，也许人家运气比较好，他想。

次日，侍者拿来两张成绩单载明去处，稍后准备通关。阿福不识字，那人看了，笑容满面："上头规定我们换姓名，记住，你不叫阿福了！"

那人以阿福之名通关后被轿车接往天堂的花园洋房，而阿福聆听几条罪状后，走路到贫民窟，表现良好的话有机会申请公共房屋。阿福觉得蛮好的，庆幸自己摔死前握着抹刀，又可以做泥水匠喽！

一九九二年八月发表

三只蚂蚁吊死一个人
——谈挫折

一只红蚂蚁，一只黑蚂蚁，一只白蚂蚁，架起它们的天线，穿好行军靴，排成一路纵队，踢着漂亮的正步，誓师讨伐。

三只蚂蚁雄兵，寻找一处名为"人"的肉体丛林，开始挖战壕、修栈道，布设地雷、搬运粮草，依人体结构划分游击战区，它们非常聪明地把总司令部设在头发地带（如果那个人不是秃头的话），在举行简单而隆重的升旗典礼之后，随即互授军阶，分派突击任务、成立后援小组。当这些事都依照时刻表完成时，天色也晚了，它们象征式地拿几滴毛细孔内的余汗擦个澡，夜来扎营于耳朵内。它们轮流当卫兵，以防人的指头突然掏耳朵此种致命的突袭。如果一宿平安，第二天准时吹奏起床号，集合报数、点名喊"有"，一起做蚂蚁体操，呼个口号。

三只蚂蚁不打仗的时候，喜欢围坐一圈，读《南柯记》

传奇小说，它们允文允武，以儒将自许。当高声朗诵道"中有小台，其色若丹，二大蚁处之，素翼朱首，长可三寸。左右大蚁数十辅之，诸蚁不敢近，此其王矣"时，必同声悲叹、痛哭流涕，不能自已。它们矢志为蚂蚁帝国失落的光荣传统献出热血，以一己为牺牲，图万世之大业。它们的兜儿里都揣着蚁王的正面半身御照，晨昏定省，以示服膺领导。当黑蚂蚁目光炯炯，逼视同袍，说："这是一个非常的时代，一个救亡图存的时代……"两只蚂蚁不禁悲伤地俯首，遥想家乡的小蚂蚁子孙正濒临断粮危机，嗷嗷待哺地等着它们掳回"大虫"以熬过寒冬。两只蚂蚁捶胸顿足，忍住眼泪，与黑蚂蚁一起又呼了个口号。

挫折像英勇的蚂蚁兵团，以缜密的作战计划，单点突破，化整为零，逐步展开：头发之役、眼泪溃堤、极机密嘴部坚壁清野策略、手脚大捷，并且运用心战喊话，使名为"人"的这只大虫突破心防，自动倒戈，撞墙抹颈割腕，一时三刻昏厥过去。胜利的时刻终于来了！三只蚂蚁扛着敌人的躯体，踩着漂亮的正步，浩浩荡荡朝着蚂蚁国的康庄大道前进——事实上只有两只蚂蚁扛人，因为必须有一只蚂蚁在队伍前面打起胜利的旗帜。它们经过激烈且复杂的猜拳才达成协议由黑蚂蚁掌旗——它们顺便决定凯旋时不呼口号，改吹口哨。挫折就是这样，叫人死不了，活着又不爽快。好比春花浪漫的季节里，早晨醒来，发现身上的薄被爬满蚂蚁。在你还没有惊叫之前，它们已经为丰盛的早餐做过祷告了。

挫折不单独来，它带着子子孙孙一块儿来。被三只小蚂蚁扛走的人，似乎只有两条路：成为俘虏，或反败为胜毙了它们的蚁王。

挫折饥不择食，只要是内分泌正常，带人味儿的，全是三只蚂蚁搬运的对象。管你帝王将相、贩夫走卒，管你美若西施、丑若嫫母，它们全看上眼。若有人说打从出娘胎到现在，不知道蚂蚁这小可爱的，必是瞎掰；说活到这把岁数没经过挫折的，除非石人木心。那就对了，三只蚂蚁够气力吊死一个人，当挫折来时。

要我翻账本儿，查查挫折这笔开销，说真心话，有那么一点难。好比考我哪块蛋糕哪片饼屑曾招过蚂蚁，八辈子也想不起来。我一直处在挫折之中，日久生情，把眼睛也瞧顺了。对走到哪里蚂蚁队尾随而至的人而言，没那等闲工夫赶它们的。

自从我练就半游戏半认真的人生观之后，人生道上的枯木漂石、鼠屎蟑螂鞘，随它们爱来就来，爱去即去。情感受创、事业多磨，也不过像一锅好汤漂了一粒蟑螂屎，舀掉它，汤头还是鲜得很。遇人不淑、怀才不遇，加点破财消灾，也犯不过扯肺动肝拉一摊鼻涕眼泪。照我的老法子，蚂蚁舔过的甜糕我一样吃，如果它们很慈悲留给我的话。

挫折，是我道上的朋友。当然，这是经过多次被莫名其妙扛进蚂蚁窝之后，才换帖的。

在我还没有认识可爱的蚁兽之前，那是我这一生中最金碧辉煌的岁月。我相信必定有几位长翅膀的仙女成天无事可干，扇着小翅跟着我在乡村的每一条路上飞来飞去。我甚至以为，过于奇妙地躺在稻梗上模仿云朵的姿势，或眯着眼睛摇头想把世界全部晃成绿色这种傻事，必定是她们促狭哈我的脚丫才使我变得如此快乐，莫名其妙的快乐。我至今想起那些短暂的时光仍会心痛，因为人不应该那么无邪地快乐，它的消逝，意味着仙女们的早夭，因为我不小心误跨人世的门槛，不得不开始早熟。

从此以后，快乐像乞丐碗内的剩饭残羹般值得感恩，因为，挫败与痛苦才是我们本分的粮食。

意外，总是意外。在我生命历程里的挫折事件从不肯慢慢撒苗、冒芽，以让我储蓄应变能力去挡它，它们突然发生，一次来临足以崩垮我所依循的秩序，逼我不得不从废墟中拣起碎成片儿的自己，离弃旧土，再找一处荒野打桩砌墙安了身。我总是清楚，这一走便永远回不来了，那儿的风土人物与故事，都将成为储放记忆的抽屉里的碎纸头、破画片，以及不能再咬住什么的回形针。

如果历经挫折也像蛇必须蜕皮的宿命，我猜想我所蜕的皮够织一条拼花地毯吧！

但是，人不应该过度炫耀自己的痛苦，因为任何一条街道的拐角仍躺着比我们更痛的人。能够正常地一肩挑起自己分内的破败玩意儿，毕竟是一种福气，有些人遭遇到的袭击，压根儿非他能力所能负荷；譬如五十公斤肩力的人担四十公斤石头，与十公斤肩力者挑二十公斤担子，哪个重呢？

我这样子看挫折，渐渐把它当作修行。

人生的结构，也像月之阴晴，草树之荣枯，一半光明一半黑暗。我们之所以容易受伤，乃因在尽情享受美好的一半之后，更贪心地企求全部圆满。我们并不是不知道这个道理，却习惯在挫折来临时怨声载道，仿佛受了多大的冤屈。人是追求完美的动物，而完美只是激励人向上意志的信念而已，人生的基础结构无法得出完美。

挫折的来临，有时象征一种契机。它可能借着颠覆现行秩序，把人带到更宽阔的世界去。它知道人常常不知不觉地窝在旧巢里拒绝变动，久而久之成为瓮内酱菜。它不得不以暴力破缸，让人一无所有，赤手空拳从荒芜中杀出生路。当他坐在新庄园品尝葡萄美酒回想过去的折磨，他会衷心感谢挫折，并且不可思议为何自己能在那只酱缸窝藏那么久！

挫折，开发了我们再生产的潜力。

我已经不再觉得被崩垮的故事与人物，有什么值得眷恋的地方，这种看来相当寡情的性格，根源于对人生有了更开朗的看法。过去的，好比一张被雨淋湿的旧报纸，不需要再背诵新闻内容，更犯不着以体温烘干冷湿的报纸。我但愿自己永远保持一种自信：现在拥有的比过去任何时刻都丰盛。

所以，三只蚂蚁背着绳索在我背后蹑手蹑脚的时候，我起了愉快的游戏心情。它们以为寻获了庞大猎物，流露出不懂得节制的快乐，我暗算它们将扛我到更曼妙的世界去，同样流露出过于猴急的表情。

反正，我已经被绑架许多次了，知道什么样的姿势有利于打包。反正，我已经无可救药地寡情了，当然不会捧着人生里的古董珍玩增添蚂蚁们的负担。它们喜欢绑我就绑吧，有时候不妨学习视一切如粪土，连牙刷也不要带。

三只蚂蚁像"忠党爱国"的军人呼过伟大的口号之后，又激烈地猜拳，这时间够我在它们胜利的旗帜"战俘一名"底下填写自己的名字。当它们达成协议又经过热情的握手礼仪，终于发号施令："一、二、三、四，左脚、右脚、前脚、后脚。"一面踢着漂亮的正步，一面抽出天线，收听广播电台是否播报三只蚂蚁吊死一个人的新闻号外。

它们过度兴奋以至不曾发觉，扛着的那个人正在打呼，尾随在后的仙女们扇着小翅膀，把七彩的鼾泡扇到天空，三只蚂蚁误以为远方蚁国正为它们的胜利施放烟火，非常感动地朝着鼾泡行举手礼，又激动地呼了口号。

一九八九年十二月发表

一九九四年六月修订

辑二 畸零生活索隐

请 沿 虚 线 剪 下

接着画一把剪刀，在报纸斜角、洗发精包装纸上，一条虚线像丘比特的嘘嘘朝梦幻的国度撒野。如果身边正好有一架削铅笔机，将两指削尖，咔嚓咔嚓"请沿虚线剪下"。

故事通常这样开始。填妥姓名、住址，贴上明信片参加疯狂大抽奖：港澳机票、奔驰轿车和香艳的、柔软的神秘礼物。接受诱拐不难，难在于以虔诚的手势朝幸运之神早晚膜拜，并且像王宝钏一样哀怨地微笑。难在于鼓动大舌，当别人正沿虚线剪下，奉劝他别吃亏上当。唉！夜来多梦，听到奔驰在巷口揿喇叭，像月光下，胡立欧的令人肠子都碎了的情歌。

皇历与蟾蜍戒指不可少。切记！出门时蟾蜍的嘴朝外，入门朝内，如此才能咬住天鹅肉。抽奖当天，翻阅皇历看今日偏财位于北北西或东南东，深巷无路原地踏步亦可。

谜底揭晓，持放大镜读榜单找自己的名字，谨防心脏病突发或脑卒中，终于抽中奔驰轿车——的钥匙环；港澳机票管去不管回，限三日起程；或千里迢迢请你上特约便利商店领取香艳柔软礼物——铝箔包洗面乳一包。爱需要恒久等待与长久忍耐，爱需要随时随地捐点香油钱。

一个故事的结束是另一个故事的开始，盆地内渴梦的族人，咔嚓咔嚓，请沿虚线剪下。

一九八九年发表
一九九四年六月修订

食字兽 [1] 的宝贵意见

最早，希望有人把英日文单字词组、会话印在面纸上，出一打"语文学习面纸"，兼具学习与实用功能。后来，希望有人把我的作品印成壁纸或烧在瓷砖上，好歹增加一点阅读率及虚荣感。再来，很想找几个雕塑家、诗人、散文家及造景专家一起怂恿大金主买块地经营"艺术墓园"：上顷绿茵，四季繁花，每一个死者采火葬，墓碑就是雕塑家的艺术品配合一首诗或散文（专门为他创作的），作品不够好的话，家属还可以要求重做。如此，每仙逝一人，便增加一件艺术品与一篇动人肺腑的诗文。若经营得当，这座墓园亦是绿树浓荫、曲径通幽的休闲公园，不仅逝者得以安栖，如我这般没有条件打高尔夫球的小市民也有散步、野餐、约会的去处。

1　食字兽：哺乳类动物灵长科，好群居喜独思，酷食铅字，借写、编、读书行自体繁殖。因铅字中毒甚深，好胡思乱想，爱做白日梦，易怒。

墓园的管理委员会还可以附设出版部，接受委托编撰逝者的一生故事或其家族史，每年清明节则以公祭方式慎终追远。想象一下吧，在寸土寸金的台湾，乱葬岗式千篇一律"×××之墓"的墓域不仅有碍景致，且局限了生者发展的腹地，如果能够美化死事、植益于生者，也是功德一件。

当然，这想法亦有商业算盘，在为逝者服务之余，多少可以为文学工作者开拓另一发表空间与就业领域。这年头，文学丛书重挫、诗集长黑，与其挂绳仰颈不如另谋生路，而且也不必担心文学人口流失、市场萎缩的问题，死亡率总是在的嘛。说不定将来要看好诗、史诗必须到"艺术墓园"来，那就可以收门票了。（此构想绝无讽喻之意，请勿猜疑！）

然后，食字兽又开始做大梦了，由于赚钱的能力与做梦能力成反比，只好冀望有人替我实现梦想：

盖一栋至少十二层高的现代智能型花园艺文大楼，至少三百坪开放空间，草坪花园树荫加上小小的露天咖啡座，免费提供文化界做新书发表或庆祝会之类的。主建筑必须具有艺术气息，兼具恢宏精致之美。内部采百货公司经营方式总合所有艺文性产品，包括书与音乐的综合式大型卖场（另外在地下楼开辟跳蚤市场，卖风渍书或民众提供的旧书）、艺术电影院、画廊、古董店、会议厅、教学室、表演空间……当然也有精致的午茶坊、咖啡店，甚至忧伤的小酒吧。

我希望这个集团以企业化经营创造现代人对艺文生活的

欲望，就像我们对百货公司、生鲜超市的需要一样。它不必具有出版、制作节目、拍电影的能力，但它能够与之结盟，带动风潮，慢慢改变现代人的生活体质。

我们对书的整体思考，不宜只停留在出版、编辑的狭隘面。好书卖不出去，也不单纯只是作家、出版社、编辑、营销的问题，是还没有激发广大读者产生日常生活式的需要。

可悯的是，食字兽的大梦，至今还没有实现。

一九九二年四月发表

一九九四年六月修订

销　魂

忽然，我很无聊地想：为什么制造家电用品的大爷们老是用"铃""叮当叮当"这种没感情的声音虐待我们的耳膜？为什么不用老虎的咆哮声当门铃，用蛙鼓取代电话铃？如果办公室的电话像青蛙一样兴奋，多逗啊！

我这样无聊是有原因的，从闹钟、门铃、电话、笛音壶到洗衣机的警告铃，它们像饿鬼的磨牙声，天天咬我的耳朵。就说闹钟，简直像个不可理喻的婴儿，不闹到起床帮他换尿布绝不罢休，愈尽责的闹钟我愈恨。曾有过一个老式三脚钟，响铃时全身乱动，漆黑的早晨睁着雾眼，看它像泼辣的胖妇，肉颤颤地从这点抖到那点，终于歪在枕头上了还在叫。我不好意思说出来怎么叫它变哑巴，那牵涉到很残酷的暴力。旧式挂钟也不好，每到整点，肺痨似的咳嗽，十二点就咳血，分针走到"6"，它清一声喉咙，那钟摆晃得我头昏，终于被我结扎了。

自从烧翻了一把铝皮水壶，只好买笛音壶。原以为蒸气发声可以使我的厨房变成伤心的小火车站，孰料啼起来像凶杀案现场。我掀了它的唇，基于自卫。

根据调查，上班族最怕听到电话铃，其次是老板的声音。也许在固定薪水之外，劳方应该争取声音污染所引起的脑神经衰弱、悲观、性欲减退等精神赔偿。

希望有一天，我能定做一种门铃，它响起来是一首由低而高的情歌："我爱你，我爱你……"我会飞快地跑去开门，不管电话青蛙叫得多么聒噪。

一九八九年十一月发表

意 念 传 输 器

假如你的手边没有邮票及磅秤，又必须投递一封挂号信、限时包裹、快捷邮件，及一封可能超过二十公斤的航空信，另外得划拨及兑现一张汇票。当然，你得拨冗到邮局去，带着你的耐心及大把时间，不断更换窗口排队。假如走出邮局时，你犹然面带微笑、心情愉悦，恭喜，你绝对是个圣人。

所以，当你看到信箱里有一张快递公司留下的广告函时，意味着生活中的运输业务将由在邮局中的"等待"转换成对快递公司的"交代"。只要一通电话，你完全是个下指令的主人，收费贵些没关系，因为你无法忍受排队与等待，你在排队时总想踹前面那人一脚。

但是，你仍然不满足，毕竟生活中有些轻型邮件不需要找快递公司又无法借助传真机。你开始幻想——这是你面对无法解决之事时的坏习惯，幻想这个城市每隔五百米有一台可爱的邮务机（昵称为"邮宝宝"），它总合了称量、邮票贩卖、取件、开收据、划拨、提款等功能。所以，当你秤过邮件后，假设是四十五公斤，你想用"限时挂号"寄，按键，荧幕上显示需三十一元，投币后，邮宝宝自动收件并吐出一张收据，告诉你这封信的号码，若有任何误失，请致电某邮局某分机号码，我们会亲切地为您查询。如果你想划拨，插入提款卡及一张划拨单，只要按下划拨金额及对方的划拨账号，邮宝宝立刻处理，吐出明细表，告诉你已从存款中拨出划拨金额了。当然，邮宝宝拒收不按邮政编码的邮件，你可以在机器外壁看到各地邮政编码检表，你乖乖地按，它就乖乖地收，否则它会在荧幕上露出生气的表情："拒收！"它还有语音答录功能，当你依序完成，它会娇憨地以童音说："谢谢你，爸爸；谢谢你，妈妈！"当然，这个系统可以为邮局赚点外快，你只要投下五块钱，按红色的"情话键"，可以听到温柔的女人（或男人）声音对你说一串不着边际的软绵绵情话，仿佛你是他唯一的恋人。你是个幻想家，甚至为这台邮务机画好功能表，并且想提个企划案给邮政总局。

然而，你仍然不满足，"幻想"像一种毒菌在你体内蔓延。你希望有人发明"意念传输器"，它可以忠实、立即地将某甲的意念传输给某乙，不必形诸文字、装信封、称重、贴邮票，且无时空之隔，传输到美国与台北市内的时间都一样。它另有自动转译功能，你的中文念头可以立即转成法文或阿拉伯文输出。

只有一种情况下这部机器会失灵，当你头痛时。

一九九一年十一月发表

一九九四年六月修订

黑 色 忍 者

在台北讨生活要有本领。

不过，对一个像"固特异"轮胎般耐磨的都会小市民——也就是我而言，接受邀稿写如何度过台北交通黑暗期（据说洋文缩写叫 KTM），是一件很危险的事。因为我以为 KTV 又推出新节目，以至很不得体地在邀约电话中冲着编辑小姐大笑，她一定以为我在嘲笑她的邀稿能力，其实不，我只是不晓得台北的交通已经坏到需要取洋名的时候了。

当然，我天天出门上班。早上搭邻居便车或出租车，晚上招出租车或公交车。不买车的理由除了不会开，另一方面则是实在无法在这种厄运下强迫自己对一堆铁皮履行同居之义务。

所以，如果我说我颇能享受塞车所带来的秘密欢愉，恐怕有人要指责我幸灾乐祸了。对一个天生逆来顺受的"忍者"而言，他会把谴责逆境的心力拿来创造顺境，然后乐在其中。

既然，注定要在隧道口塞半个小时，而愤怒、泼骂改变不了既定事实，我就不会采取情绪反应耗损自己的精神资本——当大家都在赔，做赔得最少的那个。所以，开始进行车上运动，练练气功或深呼吸，按摩穴道（从百会穴到足三里），闭目养神全身放松心情平静，行有余力则帮前座的抓颈捶肩按背，做十分钟免费车上指压服务。然后，打开有备而来的"塞车包"，里头有罗大佑、林强、陈淑桦、姜育恒……的卡带，我变成一个 DJ，指示放《向前走》《再回首》或《梦醒时分》，偶尔穿插《第六感生死恋》《抓狂歌》或相声。"塞车包"内备有各式小零食，爽口糖、口香糖、巧克力球、小饼干，我又变成幼儿园老师，小朋友排排坐吃果果。当然，更大的野心是搞一套茶具，在车内泡老人茶嗑瓜子。接着，瞎掰时间脱口秀，世界局势、家国大业、社会问题、流行动向、报纸头条、个人症结、日常趣闻、防癌新招……哼不隆咚，乱聊一通。如果还在塞，那简单，做心理测验，你最喜欢的动物是什么？森林里有一间屋子你希望门是开的还是关的？如果喜欢狗，我就说你是最忠实的朋友，乃侠义化身、乱世忠臣，具有士为知己者死的崇高情操；喜欢羊，我就说你天性温柔酷爱和平乃抒情浪漫之神的继承者（还在塞车）。如果屋门关闭，我就说你具有捍卫家园、保护弱小的能力与责任；要是开的，我就说此人具有藏泰山、纳北海之胸襟，气度恢宏、格局开阔，乃乱世枭雄、治世明君也。那半开半闭呢？

也简单（反正还在塞车），此一生命有两个阶段，前半段以守势储蓄攻击力，后半段以攻势保护既得利益，进可攻退能守，乃天生谋略高手，诸葛孔明再世也。不收费的命相馆。

（放心，还在塞。）

如果车上按摩院、音乐厅、点心房、盖仙室、命相馆仍然无法纾解塞车苦闷，还有两条路可走：贤明的家庭主妇可以在下班回家的车上，掐掐菜梗子，撕四季豆或包饺子、捏馄饨。要是生性暴躁、忍无可忍的汉子，那也只好像某人转述的都市奇景：有位亲爱的市民怒气冲冲打开行李箱抽出铁棍，发狂地一面大骂历任交通部门领导，一面挥舞铁棍打击每一部正在塞车中的喜美、裕隆、福特、BMW、雪佛兰、奔驰及拖拉库。

感谢上帝，我们终于"快要"有地铁了。

一九九一年十月发表
一九九四年六月修订

幻 想 专 家

　　大约是在第一百零八次生命抑郁周期的最后一天，我拿着切蛋糕的透明塑胶刀在左右手腕各划两刀，完成象征性的死亡仪式后，忽然非常厌弃每年四至八次不等的抑郁浪潮来袭时所玩的自决游戏。举凡像西西弗斯一样把床搬到书房，书桌搬到卧房，或竖着枕头拿头去撞（直接撞墙，头会痛），或躲入衣橱吊单杠假装正在垂死边缘……拜蛋糕刀的启蒙，我发现自己的幼稚，还好没人知道这些儿童时期留下的童玩。

　　基本上，抑郁骨是天生的，当它意识到自己被禁锢在时间与空间、工作与责任、现实与压力的钢网中，如一朵娇贵的艳百合陷溺于逐渐凝固的水泥浆时，它便要求做主，企图叛逆、逃逸。当所有的努力彻底失败，便举行象征式的解脱，次日又兴高采烈坐在办公桌前歌颂"上班生涯"。

　　现在，我熟稔另一种游戏，以阶段式的偷闲政策分化无药可救的抑郁痼疾。技术上，偷闲分为两派：行动派与幻想派。

前者适合正常人，后者适合不正常者或穷人。

就行动派而言，跷个班到君悦饭店喝下午茶或假日飞垦丁度假，算是初级班偷闲；中级的往巴厘岛或马尔代夫潜水，晒一张黑皮当纪念戳。然而对像我这般四体不勤、悭吝成性又缺乏求生能力的都会新贫而言，行动派的偷闲法实在太劳师动众了。

幻想，曼妙的幻想可以立刻解决偷闲欲，只要趴在桌上小眯，立刻前往无人的阳光海滩游泳，享受亮蓝的海浪在你身上冲击的快感，辽阔的海洋只为你一人合唱雄壮的夏日情歌，你可以高声呐喊、尖叫，用歌声诱捕在天空盘旋的海鸥。你的眼睛浸了海水有一点酸枣似的涩，但脚底被流沙与贝壳摩挲得十分酥痒。你仰泳，随着回潮在海上漂，好像一条水做的热带鱼，一只小海蟹不知何时爬上来，把你的身体当作光滑的、有芬芳气息的肉体岛，现在它四处搜索，进行迷人的田野调查。而你靠近了一座翡翠般的小岛屿，有人已为你凿破椰子，新鲜的椰汁渴望被你吮吸，不远处，烧烤的大龙虾已散出无法抵挡的香味了……

当幻想派的偷闲老手从海滩归来，正在寻思下回该去印度观赏恒河落日，还是潜入凡·高的麦田群鸦俯听土地内腹悲壮的鼓声时，行动派的偷闲者才刚刚抵达桃园机场，乖乖排队等着过磅行李。

一九九二年八月发表

请 从 此 行 写 起

"你在学校的作文成绩一定很好吧！"

在以"作家"身份出现的场合，听到这种溢美之词，总会干笑三两声！还好学生时代的作文档案早已销毁，要不然，这张脸往哪里摆？"反而，比较常参加演讲比赛跟画画！"这种答复或许稍微满足抱持"英雄出少年"观念的听众。可是仍然暗自窃笑，被选为演讲比赛代表，不是因为天生具有演说家气质，而是说得一口"听来很像外省人"的语言。在那个封闭的年代，讲闽南语必须被处罚的乡下学校，能够快速学习，正确地发音"一只有自知之明的蜘蛛"，会被要求伸出光荣的舌头，供同学们观摩。至于画画，可能拥有一盒"利百代"水彩，在穷乡僻壤这也算是宝物吧！当然，糗事不是没有，某次代表学校到礁溪温泉乡参加写生比赛，那天下着雨，雨雾笼罩下的五峰旗瀑布与山峦、石径应是写生者极力捕捉的美景。我的暗色系水彩不是干了就是存货不够，无法营造凄美的景致。能够大胆做出那种决定，可见小聪明绰绰有余，我歪着脖子夹伞，画了一幅阳光普照、丽花似火的礁溪之春。交卷时，美术老师傻眼了，我理直气壮："又没有规定要画下雨天，而且，水彩没有了嘛！"

或许，靠着小聪明渐渐在坚固的体制内摸出一条可以呼吸的路，这也充分应用在作文课上。远足之后，黑板上写着两个题目："远足记"给参加远足的同学写；"论忠勇为爱国之本"给没去的人伤脑筋。照说，我应该擒着小楷，磨出一汪鸦鸦乌的黑，大论特论忠勇为爱国之本，可是过度发展的抒情体质使我对这个题目的全部思考内容只有七个字："忠勇为爱国之本"，我又做了大胆的决定：假装我也参加福隆海滨的郊游，参考同学的路线，替自己准备丰富可口的便当跟水壶，大量堆栈以往在利泽简、大里、大溪的海边经验，倒不难写出"黄昏时候，我们踩着心满意足的脚步，平平安安回家了，这真是我们毕生难忘的一次远足。"发卷子时，老师说了："你没去远足怎么写这个题目呢？"我半撒娇半赖皮的说："你事先知道我没去远足啊，你假装不知道就行了嘛！"

能够撒野、赖皮的作文题目实在不多，为了高中、大学联考而命题的作文，变成我极度排斥的课。一看到论说文就四肢无力，"公德心""论廉耻""孝顺为齐家之本"……所有的题目都隐藏一条看不见的肯定钢索，你愈能阐释它的肯定，服膺它的钢索，愈能得高分；若不知好歹，在作文里提出生涩的质疑口吻，那就是"没看清楚题目"！

如果，一周两堂课的作文是为了训练独立思考、剖析理路、练习陈述技巧，我显然学得一败涂地。因为，聪明如我，早就摸出一套模式对付所有题目：服从它的肯定暗示去破题，"自从辛亥革命……"

（还好，学生时代的作文档案，早已销毁。）

虽然，不知道在贫瘠的小乡下，要我保守什么秘密？也不知道为何在未读"三民主义"具体内容的初中、高中时期，能斩钉截铁奉之为"神明"。这是一部魔幻写实的民智开发史，在不知"民主"时谈"民主"，不懂"三民主义"时论"三民主义"，但我知道一件事：为了联考我必须服从，服从那个好像知道又好像不知道的东西。

我还知道一件事，当作文课出现珍珠一样宝贵的题目："自由命题"时，我可以非常快乐地写割稻跟晒谷子的故事，像一只小鸟啄掉半本作文簿。因为"有我"，我的生命与土地、季节、家乡紧紧吻合，我认识它们，我的感情在它们手上。但当我可以打开那扇上锁的门，对它们喊："出来吧！统统出来！见天了！见天了！"却是告别联考的十九岁。

所以，有两个关于作文的笑话，我打算笑一辈子。一个是初三时期，模拟考的作文题目"仁者画像"，我们班那个住在山上的高山族男生，运用他的"小聪明"解题：画了一个很像孔子的画像，被级任老师捆耳光。我仍然记得他浮现泪影的眼睛与低垂的头。

另一个是听来的。作文题目印在试卷的正面尾端，背面书写纸上印了一行提示语："请从此行写起"，一位粗心的天才学生以此作为题目，洋洋洒洒阐述"请从此行写起"。这位学生在文章最后出现难得的质疑口吻，但又非常"英明"地服膺下去，他写道："虽然这个题目出得很怪，但是，凡我青年学子，皆应效法黄花岗七十二烈士，抛头颅、洒热血的爱国精神……同胞们，让我们从这行写起吧！"

据说，阅卷老师给了他"同情"分数。

一九九〇年七月　中晚·时代副刊

一九九四年六月修订

肉 欲 厨 房

关于厨房，我们应该有一种雅量接受它是一间屋子里最煽情且充满肉欲的地方。

我固执地认为，卧室的色调应该趋近透亮的蓝天冰河，或是大雪乍停，从远山小村白茫茫的沉睡中，掉出一个陌生客的感觉。我想，搬进棺材硬铺之前，我们最好在弹簧软铺上学习一人份的安静，并且研究一种姿势，避免把孤独睡皱。

而厨房，请允许我放肆地说，那才是活着的世界，活得气气派派的！

我已经秘密记录自己的厨房与食谱一段时间了，等同于畏惧青春流逝的人以写真集保留其年轻形貌，我的厨房笔记即是肉体对话录。让我们开始想象吧，在一间温暖且繁复的厨房里，一个保守女子欢愉地洗涤菜蔬，以各式刀具拍、切、剁、刨、剜……她熟悉各种料理法，只要有一台双口煤气炉及两个插座，我们便能让炒锅、炖锅、烤箱、电子锅……组成一支歌舞团。（你一定以为她忘了微波炉，不，她讨厌微波炉，仿佛它是个败德者。）当各种肥美的气味飘荡在这间厨房里：成熟蹄髈的鼾声、清蒸鳕鱼白皙的胴体、油焖笋娇嫩的呻吟、干贝香菇菜心的呼唤以及什锦豆腐羹发出孩童般的窃笑时，她已经准备好各式相衬的餐具与装饰用的绿菜叶，并且剥好两粒软绵绵的红柿，盛放在描花青瓷小碟上，多么像得道高僧啊！她如此赞美剥过皮的柿子。接着，她坐在餐桌前，细致地品尝每一道菜的滋味，用嘴唇测温，放入嘴里，咀嚼，吞咽，感受食物滑入体内，沿着食道进入胃所引起的那股电流。她完全熟悉胃部蠕动的节奏，有时像被微风拂动的一只丝绸小袋，有时——特别贪婪的时候，她觉得自己的胃不仅安了磨豆机，而且还带了齿轮。

　　是的，这就是我。在酷爱烹调可口的晚餐后，以一种末代贵族的优雅独自进餐的生涯里，我的厨房笔记忠实地记录每一种食物与我的超友谊关系。包括最家常的新竹米粉如何让我一面撜着大竹筷翻炒一面吞掉半锅米粉，好似遇到烈火情人。染上重感冒的冬夜，因擤不完的鼻涕而睡不着时，独自进厨房，拉出砧板菜刀，从墙角篓子内摸出老姜，狠狠一拍——像替寒窑里的王宝钏拍死薄情郎，煮一壶黑糖姜汤，灯下，嘘嘘地喝出一身汗及泪花。那种暖和是农村时代的，仿佛老朋友坐牛车来看你。笔记中，也不难发现改良品种，譬如"四神汤"如何变成只有芡实、淮山，后来又如何专攻很难买到的淮山薯，以及它让我的身体宛如触电的过程。

当我年老时——那必定在某温泉区的养老院，肉体质感与肉欲芬芳早已消退，我宛如一片新东阳辣味牛肉干，端庄地坐在藤椅上晒太阳。我但愿还有气力擒着放大镜慢慢阅读厨房笔记，每日读一道菜，我会抚着自己的胃像抚摸宠物的头一样，邀请它与我一起回忆那些秘密的欢愉。

我希望我的生命终止于对蹄髈的回忆，不管届时母亲与姑妈的亡魂如何瞪视，我坚持用一瓶高粱炖它，炒一把大蒜大辣，并且发狂地散布整株新鲜芫荽与骄傲的肉桂叶，犹似，我那毫无章法且不愿被宰割的人生。

一九九二年十一月发表

啊　！

十五年后，如果我还能站在阳明山某棵树下俯瞰台北灯海，我的心会像一只篾盘让记忆之蚕吐着银丝，还是保有完整的孤寂？会对星空倾诉我与台北从少年到老年的结伴故事？抑是沉默，像垂朽的古迹兀自被夜露潮湿？

一代诞生，从上一代手中盗走繁华之钥，暗示他们退席。那年老的捋须拄杖，勉强打直脊骨也过不了年壮者的肩头，他们会叨叨絮絮数算半壁江山的来历，像怒风中的芒草教训鲜艳玫瑰。

多么可怖的想象，有一天我也会佝偻着背在台北市街中迷路，擦身而过的年轻人听不懂我所说的地名，就像年轻时的我过了很久才知道琉公圳一样。他们不会尊敬我，因为任职过的响叮当的公司不是转手易名就是关门大吉。我唯一有用，就是当他们需要史料而我记得还算清楚时。

那一天上班途中，几辆砂石车与预拌混凝土车呼啸而过，开往附近几处工地。然后我看到重机械怪物正在拆除一栋旧式民宅，大门上还贴着春联。我喜欢看拆房子与打钢桩的过程，夹缠伤感与憧憬的诡异情怀令我迷恋。马路边，七个人目不转睛注视铁球击破薄墙，露出红砖与枯瘦的铁条的情景，灰烟蒙上我，吞噬刚擦的香水。那七个六十靠边的男人，不约而同双手环抱胸前，趿拖鞋，看来是世居本地赶早来目睹拆屋的。工头挥手叫我们离远些，这一退就入芒草丛了。

"啊——"有人发出不知何意的声音。另一个告诉我，从前它是附近最大的杂货店，从小吃它卖的盐巴。

第二天，有人仍杵在原地，抽烟，看卡车装运废石。

时光在人的身上酿造青春灵泉，饮光后，留一口空坛，让人谛听自己"啊——"的回音。

一九九二年五月发表

记 诵 旧 景

"你出去前，我们走在忠孝东路上，那天的阳光薄薄的，木棉花开得像一碗碗的油灯火焰，两边路旁的槭树刚刚撑起浓荫，有个人从对岸穿越马路，正好站在木棉树下，我看见他的脚旁起了一阵微风，吹散蒲公英的花球。这么多年后，忽然收到你的短笺，首先浮起那一日，记忆中，我们的分别场景一直定格在火焰木棉、槭树密云以及那名陌生人脚旁的蒲公英微风上。甚至不记得后来我们上哪家馆子点了什么佳肴，也忘记一路上你说过什么话。现在明白了，当时我把你以及预知分别后的思念像延陵季子挂剑一样悬挂在忠孝东路的木棉、槭树上。也许是个怯懦去直接负荷情感重担的人，所以必须借助花枝树臂帮我撑腰。这些年来，我们几乎音信全无，过了浓艳年纪，总向往清淡自然的情谊，不通信并不代表已从对方的记忆消失，反而意味着已在对方的记忆安顿，无须透过口耳联系感情。我偶尔会经过忠孝东路，想到自己置身于昔时眼中的街景，心里会浮起被安慰的感觉，仿佛你正站在路旁看我。我想，这份慰藉是木棉、槭树反哺给我的，昔日我把思情托付在它们身上，现在它们反过来安慰我。虽然我与你长年不见，然而在这一截短短的街景中，一直存在着一股奇妙的联系，在树与树间、我与你间、过往与现时之间，这股连系，就是记忆的不断再生，不管木棉有没有燃起油灯火焰，就算是隆冬，经过那里都能感受温热，我靠着这些与你进行无声的对话。

"发现所有的树因地铁工程而消失那天，我像回家看到屋子被查封、家当衣物被扔得满地的人般，愣在街头。写这封信的目的，只想告诉你，我已经把我们的奇妙联系从街头实景转移到文字虚景上来，我再也不敢恣意信任这个城市的街景了。"

一九九二年四月发表

流 金 草 丛

　　日影开始倾斜，一大匹余光在东区上空游移，抬头望，像一件有汗馊味的男用水洗丝衬衫被谁扔在那儿，站在十字街口的我看来像一只晕在袖口、尚未被揉死的虫子。这城市正在大手术，剖腹挖肠似的，一阵尘风扑来，路边行人干咳或咒骂，我习惯以暂停呼吸抵抗尘埃及所有类似尘埃之事，像不打算交代遗言的虫。

　　驯服的市民过街了，我仍在原处与心中的三种声音谈判——我们总是花费大量时间做选择，却在付诸实践时发现一切太迟。第一种声音要我回家；第二种声音坚持回办公室处理公事；第三种声音像狗尾草撩拨水面：去看萤火虫。

　　于是一面过街一面在心里与你说话。自从你迁居远郊，多次邀我去散心，邀了六年没去成，倒显出我的薄幸了。其实，搁在心里不敢动，偶尔在浮生瞬间，拿出来吹吹灰、晒晒流光，又收叠起来。你我虽然不熟，但第一眼就知道是个近性的、不需用世俗网袋装起来挂在客厅，能够情投意合的人事并不多，我接着便谨慎地不让它沾染尘埃。

我把你以及你落宿的深山野村存放在自己的记忆仓库，如同无法占领大人世界的孩童到旷野挖一个土穴寄放他的秘密。渐渐，我才理解仓库里收藏的都是即将在世间消逝的，譬如诗，譬如干净的人品，譬如一座早已凋零的乡村，譬如早春潺潺的流水与颤抖的蔷薇……我依赖它们找到活着的路标，并且放纵它们相互渗透、延展，激迸出蓝光般的意义与美的焰火。许多个我居住在这个灿烂世界里，她们或为稚童，或亭立之年，或超过了我此时形貌的垂暮年纪，不管肉身终止于何年何月，都不妨碍具足的一生。她们或依农耕时代的习惯洗一把青蔬，或竹窗下挑字喂哺流浪的雁鸭，或在黑夜独行，沿着两道流金草丛奔跑，以为萤火虫要带她到比家更重要的地方……你所描述的幽静山景，初夏之夜布满山谷的流萤，从简单的言说忽然变成有脉搏的文字直接落入我的记忆仓库，活起来，占据了时空，与那个在乡间小路追赶流萤、以为它们是渴世的星子的稚童叠印，成全了她的快乐，加重她的忧伤。

消逝！消逝！美好皆消逝！

那么，你应能谅解我迟迟无法成行的原因，倒不是不愿在杂乱的都市生活里抽身到郊外纾解身心、吸几口干净空气；而是害怕听到仍有一处清幽所在，像四五十年前的台湾，春天的油桐把山峦糁白，夏日相思仔花又将它点黄，到了晚秋，有一场芒雪安慰旅人的心情。我害怕愈来愈多人得知消息，带着一家老小去野餐，把山谷溪流当作别人家的厨房，烤起甜玉米与香肠，砍几株月桃或水姜，放任孩童用塑料袋装萤火虫，什么都没有留下，除了灰烬与垃圾。

在人们尚未学会以谦逊的态度做一趟素朴之旅前，我竟希望所有未被玷污的风景自行封锁。直到，我们跳脱欲望层次，开始懂得深情的依恋，愿意找回自己与自然的亲情。

也许有一天，我不必再蹲在仓库里舔食记忆，在流萤点灯的溪谷，晚春的油桐花还是开得那么闪亮，水声依旧喧哗，掩饰一个伤心人的歌哭。

一九九二年八月发表

辑三　银发档案

老 歌

"韭菜开花直溜溜，葱仔开花结几球。少年仔唱歌交朋友，老岁仔唱歌解忧愁！"

当我们吆喝全家一起去 KTV "吼"歌时，八十岁的老祖母随口念出上一辈才懂的四句联，然后慢慢踱回她的房间："你们去，我午睡！"

她的咏叹打动了我，那么平和自然的声音却蕴含深沉的人生滋味，仿佛大火燎烧后只剩一截木炭闪着微火，巨浪澎湃后化成沉默的流水，没有火焦味与浊涛，只有朴素的咏叹。我忽然懂，她一直是面带微笑在一旁观看我们的，看我们渐渐与热闹社会打成一片，相互玩耍于股掌之间，夜以继日擦出喜悦、怨言或升迁加薪之类的成就。而她跟大部分的老人一样，离人群愈来愈远，逐渐停泊在小小的空间，连欲望也风消云散，只需朴素的衣服、简单的食物就够。她早已失去唱歌的雅致，类似清唱的是，每晚临睡前数算谁七点进门谁十点回来而已。生命行程有其不可理喻又不得不接受的一面，很多人跟你一起长大，但只有一两个甚至没有人陪着你老，"韭菜开花直溜溜"就是这层意思，孤零零地在春日菜园中独叹，不像葱花那么热闹。

适才想上 KTV 唱歌的兴致冷了，我的心正在向她靠岸，顿然发觉自己与热闹群体之间拉出一条明显的距离，好像仲夏受了启蒙，毫不挣扎地滑向初冬。这种滋味无法聚众畅谈，毕竟不是学习心得可以口头报告，只宜在领受当刻独自低头莞尔。好像有另一个我已经过完人生全程了，现在的我只是追随者，但一直不知道自己履着她的旧路，忽然，在脑海里浮现一张长得很像自己的老脸而发现整个秘密，这就是我低头莞尔的原因。

再抬头，对人生的眷恋变得模糊了，虽然老花眼这项礼物还没有寄来。

春 日 偶 发 事 件

　　我们坐在比富邑饭店大厅的咖啡座，聊春天的故事。从大年初一落雨到现在正月二十日了，还在滴滴答答地呻吟。按照农历的说法，正月十六才是雨水，今年节气很怪，雨伞变成外出人的第三只手。我几乎替台北向她道歉，难得回来一趟却遇到春泣。她居然说，其实很怀念冷雨街头的感觉，口吻像个儿童。今天为她安排的节目很家常，中餐到安和路吃小店面的圆环老牌肉羹米粉配卤白菜、海带丝，然后上 IR 喝下午茶；晚餐到谈话头吃小馆，清蒸臭豆腐挺有名的，然后上比富邑喝咖啡。如果还有气力，走几步路到戏院看场电影。若未尽兴，打算到酒吧混，冷雨春夜喝杯小酒，烫一烫心窝。

　　我们俩，加起来八十多岁，照说春天的故事聊出来，是该双份的。可是我发觉，春日的种种绮丽风情，像上苍赐给每个人的一块浇了蜂蜜的小薄饼，没巴掌大，就算一抿抿地舔，也有舔光的时候。甜食尤其不耐回味，嘴巴里尽是一阵余酸，我们吃光了分内的，酸味也过了，现在连饼的样子都记不得。

她问我忙些什么？我说，还不是吃人家的饭、顾人家的饭锅，能抽点空，熬自个儿的粥，就满足了。有什么打算呢？我认真地回答，想存钱。旅行吗？不，我说养老。

都三十多岁了，该为五十岁时的自己打个底。年轻时不懂事，以为人生还长，现在惊觉容得下我活蹦乱跳的年头数得出来，别说身体蛀得比木头还凶，就算硬朗，社会也要撵你下台的。万一老病缠身，又没那份福气速速解脱，耗在病榻上，照我自己推算，到时方圆十里喊不到半条人影端杯水给我喝。我说，有能力砌半道墙给别人靠一靠是做人的福气，没能力铺桥造路好歹挖个坑把自己埋妥当了，才算不欠。你不该想这些，正月新春在我面前说混账话。她瞪我。

可是她的眼眶红了。这次回来吃什么、见什么特别有滋味，好像替即将不能吃、不能见的自己做最后巡礼。身体的零件该坏的都坏了，走起路来像收旧货的拉一车破铜烂铁，沿路掉铁锤铁钉。她笑嘻嘻地说，仿佛灵魂飞出躯体，向我挖苦她所寄宿的屋子。分不清笑还是哭，她像旧式女人撚着手帕拭一拭眼角的泪，下半张脸却摆着微笑。我想，笑的部分是灵魂的表情，泪的部分是躯体的屋子，严格说不叫泪，那是屋子的墙壁渗水。

年轻英俊的侍者端上蛋糕时，我们俩的墙壁渗水正好告一段落。没想到她看着蛋糕却掩脸啜泣。怎么啦？我含着蛋糕问，我看你的屋子何止漏水，简直泡在水里嘛！

昨天去探望一位亲戚，九十三岁了，看我提一盒蛋糕去，笑得很开心……那好哇，身体没问题吧！能走，能自己吃饭、洗澡、洗衣，脑子很清楚，不用人家照顾。这该高兴嘛，没几个人有这种晚福的！我陪她坐了三个多钟头，不走不行了，话说不出口，她握着我的手打瞌睡了，我不忍心抽出来……她的儿女呢？我含着蛋糕问。后来，她醒了，我说必须走了，下次回来再来看您。老人家笑着说，九十三岁了见一面算一面，你自己要保重身体。她的儿女呢？我问。我走的时候，她挨着窗口对我挥手……

她现在住养老院，九十三岁还住养老院……她放声哭，隔座的投来疑惑眼光。

儿女都"走"了吗？那还有孙子啊！我说。什么"走"了！七个儿女活得好好的，推来推去都不要养母亲。老大说母亲从小最疼老三，去跟老三吃；老三说从前母亲卖地帮老二娶媳妇、创业，那笔款子到现在还不清不楚，弄明白了再说；女儿说我们姓别人家的姓了，何况祖产房契纸头没字纸尾也没字，分财产是儿子的份儿，养母亲是女儿的吗？她的儿女都穷吗？我问。什么穷！房子好几栋呢，她愤愤地说。

别哭了，有人活大半辈子也不明白，就算做乞丐讨饭也得分半碗给父母吃的道理！父母肯跟我们过日子是我们的福气，可是愈简单的道理在现代变得愈高深！九十三岁的人还能端几次饭碗？说不定她死前最温暖的记忆是：有一年过年你提一盒蛋糕去看她。

为什么？为什么这样？她不断拭泪。

我不知道。不过你放心，万一你被送到养老院，我会提十盒蛋糕去看你。十盒？她破涕而笑。

当然，请你的院友们一起吃。

一九九二年四月发表

转 口

由于忘了再确认香港到台北的机位，使得从上海飞香港的我在转机处被告知机位已取消。"那我怎么办？"多愚蠢的问题，对方说等候补吧，一小时后才能确定。换言之，如果没补上，我只有两条路，等最后一班或打地铺。

离起飞时间还有九十分钟，我开始阅读自己的证件簿，一张身份证、台胞证及过期的港签，上头照片都不一样，像三个人。

旁边一群人吱吱喳喳，回台北的，转北京的，真像货物，差别的是回乡或返乡。那位老先生七十过五了吧，瘦得像眷村的违章建筑，着黑西装，戴一顶古物级的黑色瓜子帽，帽圈上竖了根牙签，挺别致的。他看来久病初愈，养足一口气、存够一笔钱要回去探亲，他的脸像揉皱的旧报纸，框着宽边厚片眼镜，没表情了，擒烟的手指抖得很厉害，烟灰存不住，叨叨絮絮落在西装上。这么个人简直像旧书摊后头仓库滑出来的一张当票，要去赎回什么似的。陪他的胖男人也上年纪了，大概是朋友，此时正在柜台为候补机位嚷嚷。老先生一句话打三个结跟旁人抱怨，乡音浓，我根本听不来，倒是从搭话者的回答摸出几片意思：今天从台北飞来，原该转机飞大陆的，忘了带台胞证给拦下了。胖男人交涉无功，在他面前一径告罪："都怪我笨好不好，咱们先回台北，再来嘛！"老先生不搭腔，像个执拗的孩子，椅子边四条三五烟、两盒月饼，他低头闷闷地看，胖男人只差没跪下磕头。我心想，万一我补上而他俩没补上回台北的机位，就让他先吧，这么个深夜，总不能叫一个老人家两边靠不了岸。

幸亏全补上。椅子尚未坐热，桃园机场到了。一下机，胖男人与我同时打电话，开口都是："回到家了！"

一九九二年九月发表

子 夜 铃

霞黄色马缨丹散发坟茔般的气味，占满花台，在春天的薄光中，仿佛一块块黄金掉入绿池，溅起忽生忽灭的水花。我的视线穿过纱窗及众树交欢的院子，看到马缨丹到处发表激滟的黄花，遂忆起一件关于死亡的旧事。

那时，她从外地回来探视卧病多年已届垂危的老母亲，暂住我处。虽然从她口中早已熟悉"欧卡桑"的故事，而八十多岁的欧卡桑也知道我与她的女儿一直是患难与共的好友，然而我们却从未谋面。人世间有些尴尬事件常在我身上发生，譬如这位在我们无数次贴心谈话中亲切叫着的欧卡桑，仿佛已是我的民初时代母亲，而在她们母女无数次贴心谈话中提及的我，也仿佛已是欧卡桑忘了什么时候生的小么女。然而我与她第一次见面，竟也是最后一次。

当我到她的娘家时，她正戴着老花眼镜替床上的欧卡桑剪指甲，脸上垂泪，自责地说："我眼花了，不小心剪到肉，欧卡桑，您痛不痛？"握在她掌中那只青白枯瘦的手果然渗出血，她用面纸按住伤口，一滴红晕在纸上漫开。我说："让我来吧！"她摇了摇头，坚持要做乖顺的女儿帮母亲剪指甲。欧卡桑看来了无生气，像一截枯干的树干套上旧时代的女人衣服，覆着小花被静躺着，她早已无法言语、动作，每天靠两汤匙的牛奶维持一口气。整个肉体变成生命的废墟了，可是血液仍然缓慢地在流。我凑近她的脸，一张布着几绺银丝、回旋形皱纹与褐斑的人皮裹着骷髅头，眼已闭，无牙的嘴巴微微张着。整个小房间像长满青苔与野蕨的黑暗岩洞，摇曳着陈腐的气息，以至她的垂泣、剪指甲的声音特别清晰。我踅到床尾，握着欧卡桑的脚踝，捏一捏，看到她的脚上有一颗很可爱的小痣，这使我一下子掉入想象的旋涡，在时光中逆游——欧卡桑年轻的时候在河边洗脚，一定偷偷欣赏过自己的小痣吧！然而青苔与野蕨正在吮吸欧卡桑所剩无多的生气，能继续活着是温暖的，可是我喧哗的呼吸无法替代病者的，死神总是知道他要的是谁。

"欧卡桑，您知道我是谁对不对？"我开始滔滔不绝自我介绍，当作她听得到，像演一出独角戏，用愉快的声音叙说家常：包括她的女儿这几天做了哪些事，住在我家起居如何，陪她看过中医了，医生说没有问题的；包括明天她就要坐飞机回外地的家，今晚我会帮她打包行李，明早送她到机场……这是我与欧卡桑第一次见面的谈话，我相信她听到了，并且知道我已明了她心中难舍的是那命运多舛且唯一的女儿。

尽管她枯干得像一截朽木，那片唯一未褪的绿叶就是母性，当了一辈子母亲，此刻挣扎着、牵绊着、用一股钢丝般的意志撑着枯槁的肉体，等女儿千里迢遥回来见面，这还不够，还要听到别人向她保证好好呵护她所牵挂的人。我不知哪来的力量能面对死亡之事而不畏惧，如果要我说实话，当时浮现的念头，与其说怜悯垂泣中的好友而希望欧卡桑多存活一段时间，不如说怜悯垂危者正受着大苦而希望她能早点解脱。死亡与诞生皆是自然律则，该出生而出不来与该走而走不了，都是最残酷的大苦。所以，像个初生之犊，我清清楚楚听到自己对欧卡桑承诺："您放心，您的女儿我会好好照顾的！"

我相信她听到了，因为次日她死了，时间正好在她女儿回到异地家中放下行李时。诚如生前所嘱，不要女儿看到她咽下最后一口气，她的意志支配得近乎完美，她是个慈爱的母亲。

好友举家回台奔丧依旧住在我处，某夜，睡在三楼的我突然被重物坠地的声音惊醒，隐约判断是挂在地下室与一楼楼梯转弯处的一大串牛铃掉下来了。他们夫妇也从二楼下来，三人合力将牛铃挂回原处，她问我："真是对不起，你怕吗？"我心照不宣地说："怎么会？欢迎都来不及呢！"回房躺下，子夜的寂静中隐然有一种奥秘的流动，模模糊糊即将入睡，忽然又被牛铃掉地的声音惊醒。三人再次聚在楼梯口，看着地上的牛铃而沉默着。也许是无意义的巧合，如果做主人的我愿意相信两年来挂在楼梯口的牛铃从来没有掉过却在一夜掉两次是巧合的话。

我情愿想象子夜中，有个慈爱的灵魂来访，像一只从焦黑的枯树干挣出的雪白鸽子，她自由了，不再受病魔凌虐，远扬之前特地来看看哀伤中的女儿，也看看对她承诺的我。我想象她用牛铃对女儿告别，走了几步，又对我告别。那只长着一颗小痣的脚已不属于她，人世间诸般苦厄情爱也被她轻轻放下。

霞黄色马缨丹散发坟茔的讯息，肉身是臭的，死亡不香也不臭。我因此忆起这件旧事，而挂在楼梯转角的牛铃，从那夜起再也没有掉落过。

迟 来 的 名 字

生活中很多事物与人，隔段时间想起来，忽然找不着了。

如果只有两双袜子轮换，少一只，马上警觉到，说什么也得找出来，不然出不了门。要是拥有一打，少两三双也不痛不痒，替代性太高的缘故。

人，也如此。每天早上出门经过附近小公园，你可能注意到榕树旁总有一个打太极拳的老爷，慢慢推手抬脚，仿佛跟世人无关，可又成为你每日早晨必见的风景明信片，彼此从未招呼、对话，你走你的路，他推他的拳。然而，对他而言，说不定你也成为那套太极拳的一部分，推到某段落时，总会看到你准时无误地走过去。

如果有一天，你忽然觉得少了什么？仔细一想，好久没见到打拳的老爷了，至于多久？一星期？一个月？想不起来。心里若有所失，可又不严重，只不过一个小小的问号，不需要寻求解答，毕竟他与你之间谈不上关联，你很快忘记这件事。

居住的社区正在大兴土木改建旧屋，各种工程技术师几乎会齐了，大自拆除队、泥水匠，小至铁架匠、水电工、装潢师，甚至专门切石块石板的切石工人——用来铺拼贴式造型的客厅墙壁或壁炉表面，有些石材用在庭园走道、围墙。

我甚至不知道他的名字。老老的，约六十岁，泛黄的汗衫、粗布长裤，套一双塑胶雨靴。骨架粗壮，皮肤烤焦似的，使他的五官隔着一段距离看，黑乎乎地，像一块炸坏的排骨。身子倒很硬朗，说不定岁数没那么大，必须常年曝晒的工作使他显老。

每天早晨，我走路下山到大马路搭车，总会经过工地，许多正在工作的脸晃入我的眼内，起先，没打算记，晃久了，倒也眼熟。他的脸型方方正正，好像裁刀切出来的，加上比别人黑，又多了一分那岁数的人才有的乐观神采，跟天地万物、鸟兽虫鱼都能闲话家常的亲切味儿，所以容易记牢。迎面见着了，他总是嘻嘻然抛来一句："要上班了啊！"我不知道他的名字，他一定也不晓得我姓什么，每天一两句招呼，慢慢觉得彼此熟了，可是这种熟，也还是生的。

总有一两年吧，他成为早晨的一个标点符号，没什么意义，但看见他在就让人放心，句子也顺。这是现在才想起来的感觉，当时视为理所当然。社区动工整建像传染病，一栋接一栋，他们的工作也就没完没了，久之，他们跟社区磨出感情了，甚至与某些住户结成朋友。

连着几趟去外地，不知不觉初春变成深秋，新人事取代旧的位置，一些不痛不痒的事物消失了，连自己也没发觉。有一天，坐在邻居的院内剥柚子闲话，忽然觉得拿大石块当庭椅颇具巧思，邻居叹口气："唉，这是阿喜的遗物呢！"

"阿喜是谁？"我问。"那个老老的切石工人嘛！"

老工人一堆，我还是没懂。她翻来覆去形容半天，阿喜的影像在她脑海里清清楚楚的，可是说不出他的特点，尤其，找不出阿喜与我之间的特殊连系，以别于其他工人。

"就是那个，每天跟你打招呼的阿喜啊！"

我震惊了，的确好久没见到，怎么会死呢？

她说，都两个多月了。他每天一大早从汐止骑一个半钟头摩托车到这儿上工，做久了，对这社区有感情。那天，骑到半路，摔倒了，心脏病突发结束得很快，皮肉没什么伤。阿喜是个念旧的人，他喜欢我们社区，要不，汐止多的是工作机会。上回做王家的工，剩三个大石块，阿喜给搬了来，说搁在院子里有个坐处，喝茶聊天，顺便赏花。石块很沉，阿喜硬给搬过来。

阿喜没来坐过。

我坐在石块上，想起那张笑嘻嘻的黑脸对我道早安的样子，原来，他叫阿喜。原来，他叫阿喜。

一九九三年元月发表

辑四　大踏步的流浪汉

串 音 电 话

　　"喂……""……算我最后一次求你行不行（啜泣声）！""喂，是我啦，你死到哪儿去啦现在才回来！""……没什么好谈，我赔够了！""喂喂，谁啊？怎么搞的？""我啦，电话有杂音，喂喂，你听得到我的声音吗？""你有没有替我想？我什么都没有了……""听得到，很吵，是不是搭线了？你挂断我重拨……""你自己甘愿的怪谁？我没逼你……""等等，等等没关系，我们讲我们的，你去哪里嘛！现在才回来！""孩子呢，孩子也是我甘愿的吗？""没去哪儿，你放心，全台北市找不到比我更乖的男人啦！""你能不能放过我？该做的我都做了，我告诉你我仁至义尽（吼声）！""……那，没去哪儿你到底去哪里？我打电话按到手指快断掉了一直没人接，不必跟我讲你在上厕所，这招上次用过了！""……（痛哭声）""我刚进门，钥匙还插在门上，能不能放我先去上厕所再打给你……""什么叫'放'？

你很不耐烦哦，跟我讲话很累是不是？""……哭没有用，事情到这种地步你自己看着办，以后不要再打电话来，我要挂了……""什么叫自己看着办？你这个王八蛋吃肉不吐骨头的，你给我挂电话看看我杀过去揍人！还有你，哭什么哭，你不会揍扁这个狼心狗肺杀千刀的，你把我们女人的脸扔地上让他踩啊，没出息不会去死啊！""喂，你在骂谁？我只说要去上厕所……""喂，你是谁啊，神经病！""你敢骂我神经病！好哇！你这个臭男人有种地址报上来！喂，你死啦，我在替你骂你不会一起骂！哑巴啦！我最痛恨女人动不动一把鼻涕一把眼泪！""喂，搞什么，无聊嘛你……""你闭嘴！要上厕所快去，少啰唆！""咔！"

几分钟后，电话又响了，上完厕所的男人接起："喂，是我啦，我们刚刚讲到哪里？"

一九九二年四月发表
一九九四年六月修订

黄 金 葛 牵 狗

子夜，那对夫妻想必睡得十分熟，桃子睡成酒似的。我躺在床上像一粒生米，青光闪闪。用手指勾枕头的荷叶边，扯几条废线，扯腻了，抬头数叶子。床尾那盆黄金葛狂妄极了，攀够了蛇木爬窗户。一条粗藤拖家带眷在我的床上空盘了三圈，继续朝房门荡去，挺像一只两头爬行动物，贼得很，趁我不注意偷偷爬行。其中一头最近钻破纱窗往外发展，每晚听到它吸食月光的声音。

那对夫妻搬来后，我的睡眠被得一塌糊涂。又来了，撞铁栏的声音，在寂静子夜好像冤狱囚犯的控诉。躺在床上了无睡意，世界变成一张印刷失败的黑白风景海报，我仿佛趴在半空往下探：看到贼头贼脑的黄金葛挣脱黏答答的油墨，冒绿叶子破了框；听到那只被锁在铁栏内的大型犬以暴力企图撞开黑笼；也看到失眠的自己抬脚拨开玻璃窗，配合撞栅栏的节奏，用脚趾夹摘一片片枯叶，从窗口踢出去。叶子飘落四层楼的高度，掉到狗笼边，很快被月光烤焦……仍然睡不着。

不怪那只狗，被占有而不被爱的滋味令它愤怒。夫妻俩早出晚归，不开伙的上班族了不起一天倒一次狗食，成天将它关得死紧。说是宠物，看不出宠在哪里？要说防贼，笼内狗能防谁？从吠叫、撞栏、拖铁链的声音判断，是只壮硕高大的狗，说不定附了血统证明书。它有没有自尊？当发觉自己只是被占有而不受关注时，会不会悲哀？如果不能给任何一种生灵仁道的承诺，为何要占有？

它在我的脑海里逐渐变成一个被软禁的壮汉而非一条标了价的狗。每晚，黄金葛笑嘻嘻地吸食月光，它独对夜空控诉人的贪婪，而作为一个人，我居然在睡与醒的挣扎间渐渐变成一条小狗，赞成它继续猛力撞击铁栏。

一九九二年三月发表

面 纸

再次见面，我约她到新开的 Nothing 咖啡屋，电话中详细描述市街、招牌、深巷位置的时间，都够我从办公室走到那儿了。

其实，心里抗拒这种意外之约。虽然十多年前我们一起打网球，常是场中最受瞩目的一对，她杀球杀得极美，颇有大将之风。事隔多年忽然再出现，说好久没见了想聚一聚，另外有点小事要听听我的意见。

也许，抗拒见面纯粹基于逃避，用寡情的面具抵挡任何一种破灭的可能性，是像我这种懦弱者唯一的选择。电话中，她暗哑的嗓音仿佛吞咽过大量砂石，我但愿这只是多余的揣测，她应该富贵荣华，浑身散发鲜花的香气。多么矛盾啊，我们平日会苛刻地评论物化的生活，却又希望自己的姐妹或仍在记忆中保有重量的朋友大富大贵，像一家流动银楼。

她好老，刚从南部搬回台北，腼腆得好像到了岛外，三个小孩的转学杂事办妥了，才有空出来。那种老，像恶毒的蜘蛛爬到脸上，不停地结八卦网，名牌化妆品也掩饰不了的。喜好运动的她，留给我的印象是双颊红润饱满，如一口欢畅的青春喷泉。现在，我几乎以为坐在面前的是她妈妈。

"你有面纸吗？"她问。

我从皮包拿出一包放在桌上，她拭脸，油渍、汗尘、残留的唇膏沾在纸上，揉成一团后搁在描花咖啡盘上。她刻意回避十多年来的主要人生情节，然而我已经明白，她过的是什么样的日子。

她又用掉一张，擦颈子。然后向我招徕保险，积极从大背包取出一叠说明书："我跟你讲，像你这样未婚的，保这种最划算了……"

我每天用几张面纸？擦汗还是拭泪？忠实于一种品牌吗？我常常觉得自己的脸脏吗？如何处理用过的废纸？叠成小方块还是揉成一团？放口袋抑或扔在咖啡盘上？

她忘情地叙述各种保法的优点，说明书上还写了几条重点，为了增进说服力特地做的笔记吧！我爽快地请她帮我计算其中两款的年费多少。趁她低头敲计算器时，我抽走最后一张面纸到盥洗室，偷偷拭去眼角的泪。

一九九二年二月发表
一九九四年六月修订

当月光在屋顶上飘雪

写着地址的纸片，快揉糊了。绕了个把钟头，没找着他家门牌，倒看见黄昏撒网。高坡野树下，卧一块大石，干脆歇会儿，看黄昏翻过一页，天就黑。

除了三两行人经过，这树荫石座像一小块被洗净的人间世，连晚蝉之歌也水汪汪的。害怕念旧的感觉，尤其置身山林之夜，独自坐在榕荫苔石之上，恍惚觉得自己是一个被蠹鱼咬了一口的字，原本窝在水墨卷轴的题诗上好几百年，溜到人间喊几声疼，现在想回去了，不知画轴在谁手上？我已经看穿自己故意找不到他家门牌，磨蹭到晚上得了借口便要回家的诡计。也许老早就是个垂帘子不说话的人，心里漫想，却回避活生生的悲欢离合，总觉得一盘盘新炒的、回锅的人生故事太油腻。

他连打三通电话，搬到近郊山上养一养心情，来品茗赏月说一说浮生吧！我说好，说了三遍。从坐的地方望去，有一扇灯窗是他的吧！他在做什么呢？打电话到我家？那么他会听到答录声音。这样的时刻太诡异了，他听到我的录音，我的人正坐在离他不远的树荫下，而我的心，前不着村后不着店的。等待一个好几年不见的老朋友的滋味是什么？尤其这人身上背负某段回忆。这些年彼此像各自挂绳仰颈的人，吊在自己的树枝上晃生晃死，绳子的挂法不同，晃法也相异。这时候再说话吐露旧事，嫌画蛇添足了。

忽然黑暗中闪出一条人影，站在路边望一会儿又消失。他没发现我就坐在后方不远，也不想喊他。如果一个流浪的字喊不回它所隶属的画轴，也别惊动别的画上那个剪手仰望月夜、待故友来访的人吧！

我走的时候，月光在他的屋顶上飘雪。

一九九二年二月发表

阿 美 跟 她 的 牙 刷

阿美喜欢坐在床上看书，看去年电信局赠送的电话簿。书太大不好捧，瘫痪在床上，她弓着背嘟嘟囔囔像在吻字，伸出小指用指尖一行行点顿。通常这时候，阿美已经刷过牙了。

牙刷也叫阿美，她偷偷替属于她的用品命名，从中获得机密似的快感。刚开始很单纯，某晚睡前刷牙，嗜酒的丈夫依例未归——反正他要是早归那才"衰"呢，不是躲债就是泻肚子。阿美除了有一回用比较凶的口吻嘲讽"你好像一粒印章，我是印泥啦，沾完就走！"之外，已经很习惯这种生活了——那晚，她站在洗脸槽前专心且用力地刷牙，牙膏发泡后的刺激味使她把注意力放在牙齿与牙刷的运动上，她很新奇地聆听：唰唰唰……的声音，突然觉得那支蓝柄牙刷太可怜了。她开始回想它的工作，每天牺牲奉献替人刷干净牙齿，一辈子只发出唰唰的声音，可是没人感谢它，刷后还要"呸！"再漱口。她一阵心酸红了眼，决定昵称它阿美。

她从受雇的洗衣店墙角发现那本电话簿，事情才不单纯起来。每晚临睡前用功读书，寻找跟她一样名字最后一字是"美"的女人，她不自觉地低语："哇，你住仁爱路啊！""吴兴街也不错，买菜方便！"她实在很羡慕她们，至少可以把名字放在电话簿上，她家电话登记丈夫名字，她只负责缴电话费以及怒视，当他霸占电话超过二十分钟。

　　阿美将永远忘不了今晚，她发现一个同名同姓的女人时简直兴奋到极点，好像看到另一个自己。她鼓起勇气拨电话，而且想好了确定是她后马上挂断。电话接通，传来敲锣打鼓的声音，一个男人低沉地询问她的身份，她谎称是阿美的小学同学啦。"阿美过去了，现在在做头七。"

　　阿美关在盥洗室，又在刷牙了。

一九九二年七月发表

密 音

他一面甩针笔，一面吹口哨。甩针笔不稀奇，他是个资深美编，坐在对面的她已习惯他在工作中制造出的各种怪异声音：摇"立可白"瓶、拉胶带、喷胶、割完稿纸……除此之外，他像没水的水壶，大半天摇不出一句话。

最近，他整天听随身听，耳朵塞得密密的。她当然不舒服，以前还能随口抱怨客户、老板、交通、迟婚理由、服饰店还不打折等等，虽然他不吭气，至少杵在对面像个听众。有时他"嗯！"一声像是赞同，她马上感到温馨，中午主动替他买排骨便当。现在，连唯一的听众也遗弃她。她仍然讲话，只不过为了避免自言自语的嫌疑，句子换成结论式，受词是坐在她头顶上办公的"上帝"。

他吹的口哨只有单音，或连续几个小起伏的音节，不像流行歌。有时更怪，"屁屁屁……"一面伸懒腰一面发声，脸上洋溢单身男人特有的慵懒幸福感。"吃错药！"她嘟囔着，但不否认他看起来比以前柔和，甚至有点性感兮兮。戴耳机的人不能控制讲话音量，发出的单音愈来愈响亮。她注意到除了换电池，那卷录音带一直窝在具有自动回带功能的随身听里。

她终于逮到机会，午饭时间，他出去用餐，她溜到他桌前，塞入耳机，按下 Play 键，接着发出受到重挫的叫声："我的上帝哪！"

那是卷野鸟原音录音带，她正好听到栗背林鸲的求偶鸣唱。

一九九二年一月发表

铁 筛

年轻真可怕，不晓得冥冥之中，厄运的鞭子会落在谁身上？

我往内走，一群学生往外拥，正午时刻，钟响刚敲过，空气中犹有铁器振荡后的余波。隔着一段距离，那群学生仿佛青春的浪潮，慢慢朝我淹来，衣色鲜艳，语声喧哗。正午觅食时分，秋阳蒸蒸，有炊烟的想象，我霎时感触自己与那群学生皆是柴薪，一座巨灶腹内被精选的上好燃料，木柴总是用来成全食物的。

面对面错身，我扫视他们的脸，忽然无法承受年轻是可怕的念头。像一粒粒饱胀绽放欲望的花苞，体内饲养一头名叫理想与憧憬的宠物，使他们的语声灌满欢腾力量，挥霍不完的肯定。我顿时觉得自己不合时态，过去式句子掉入现在进行式的狂欢里。

经过无数竞试被精选的这一群——上千个或更多，在他们脚下仍有无形的铁筛慢慢晃动，也许只剩百来个，被押了宝了。当他们一起撒向社会，更残酷的筛子上，没有人能预知，哪些将终生流落异域？哪些将成为理想的叛徒？谁会成为病菌的零食，从地球上消失？谁被命运之神挑断脚筋，从此沉寂？谁接掌了父亲的工厂，焚诗封笔？谁耽溺于虚假的荣华，变成典当尊严的人？

筛了十年，说不定只剩十个，在自己的领域用功；再磨十年，渐渐进入讣闻多过喜帖的岁数，也许只剩五个，种出果实。另一个二十年、三十年，幽灵出门了，回收整批生命碾成齑粉。那几个可怜的果实，有的尚未品尝即自行腐烂，也许只剩一个，进入他的领域发展史，占据一行的位置。也许，全无。

我后悔穿过校园赴这场午餐约会，刚下课的年轻孩子想知道未来，而我眷恋他们的现在。

一九九二年十一月发表

终 结 者

半年后，我决定拆开那封信。

"……你的倩影一直霸占我的大脑，那天在车上我说的名字其实是我同学的，现在老实告诉你吧，我叫××，你一定把我忘光了对不对？送你两张照片，有没有记起来我是谁？勿忘我！勿忘我……"

到处都有少男少女的故事，像春天里飘浮空中的花粉，沾在陌生路人的衣袖。

我仔细端详照片，侧面特写与故意学选美小姐站法的全身照。也许出自傻瓜相机，有点模糊，但仍然看出烫得蓬松的鬓发下，那张略带羞涩又藏不住对爱情强烈渴慕的脸。十五岁吧，花背心上别着史努比胸针，戴电子表，也许还在半工半读或学一门技艺。她看起来很开心，会买一束鲜花到演唱会去尖叫流泪的，相信踏出校门后可以自由自在谈一场恋爱，轰轰烈烈，像流行歌说唱那样。

希望对方勿忘她又不留下住址是什么心思？说不定在车上时，她已故意写了住址条丢入对方的提包！这封信，就是为了考验对方是否把她放在心上？她以为告诉对方假名就是对自己的保护，何等单纯的心啊！我不免捏汗，青春在她手上多像一把炸药，她捧着它找打火机。

那位车上邂逅的男孩（或男子）为了赢得信任留给她姓名与住址，然而她尚未意识到，所有用来取信于人的证物都可以伪造，包括身份证与新台币。这就是这封信落到我手上的原因，住址是我的，收信人是个查访不着的陌生男子。

莫名其妙参与了再通俗不过的邂逅情节，我把信与照片撕碎丢入字纸篓，当作可爱少女与我之间的奥妙秘密。然后一切归诸天意，要我当一段姻缘的绊脚石，或是一桩悲剧的预先终结者。

一九九二年三月发表

临 时 决 定

他徘徊在饰品专柜好一会儿，五分头，斜背一只塑料布旅行背包，双手插口袋，中等身材结结实实的，很年轻，像一支刚撕开纸袋抽出的西米露冰棒，冒着丝丝冷烟。

我只是逛，从旋转陈列架上取下耳环，欣赏款式又放回去。玻璃柜上一面椭圆形镶花立镜，照出百货公司的奢华灯光，几条掠过的人影，倒像抹镜子的。离电影开演尚有十分钟，还在犹豫要不要进场，票当然买了，而且我知道是部大烂片。有些事情不太适合用理智评估，譬如很清醒地放纵自己掉入一团混沌：打算拜访朋友却临时决定排队买电影票，进了场立正唱完歌说不定喝咖啡去。谁晓得下一刻在哪里？夜间适合跳跃、无秩序、不断抛弃以及夹着自己的影子混。他的身影留在镶花圆镜内，很专注地观看陈列架上的耳环。

我开始漫无边际揣想耳环对女人的意义。如果项链用来象征女人与父亲的"血缘连接"关系，戒指又已被定义为女人与丈夫的婚姻关系，我想就让耳环担任女人与情人的混沌关系吧！管它用夹的还是穿耳洞，取戴一向方便。

选耳环的男人引起我的兴趣，绕到他旁边假装选购。女店员似乎不耐，柜上放了几对，珍珠的、Ｋ金的，款式有的保守，有的过于放浪。他喃喃自语拿不定主意，像在参加高普考，一看就知道对女人的耳朵没研究。这怪不得他，谁会从耳朵开始谈恋爱呢！

"你女朋友有没有穿耳洞？脸型发式脖子？个性怎样？"我像裁判官拷问，他很合作。"来，我戴给你看，我猜她喜欢珍珠坠的。"他以同意伪饰对女友耳朵的疏忽，我替他选。店员准备包装，他忽然又选了一款式样夸张的一起结账。

"一次送两对啊！"我问。

"送给另一个啦！"他说，临时决定。

一九九二年七月发表

106

人　镜

我照到镜子了，心中浮起恐惧。

像每个急于办妥琐事以便赶去上班的市井小民，我坐在他办公桌前的客椅上，再一次确认他是承办相关事务的人。一大早，每个窗口挤满人，填单的、询问的，没什么大道理，这就是七嘴八舌的现实生活。他负责的业务显然比较轻松，如果整个办公空间像正在拍摄电影的片场，他就像墙壁上贴着的、上一出古装剧的人物剧照，忘了撕下来，久了就变成背景，反正摄影机扫不到。

约四十八岁，干净齐整的国字脸，两笔浓眉画上去似的，像没藏好的匕首。在还没有进行对话之前，他给我非常强烈的直觉，这是个律己甚严、拘谨、固执、有人际洁癖的人。我无法解释为什么他给我的第一印象竟像块石头。然后，我坐下来确认，注意到他坐得非常端正，眼帘七分垂，正专神读一本书，我一面掏出文件，一面偷瞄那书，虽然倒着看，基于对什么种类的书采取什么版面的经验，我判断那是本宗教书，他的嘴唇默念着，非常虔诚。

我不知道如何打断他，他专神到无天无地，无空间、时间的地步。仿佛我是一只蝼蚁，四周嘈杂的人声像沼泽中的蚊蚋。我终于忍不住打断他。"填单。"他头也不抬。那么就填单吧，偏偏单子上有些模棱两可的空格，我又一一询问，他仍旧念念有词，不曾抬眼看我。"请问，我什么时候再来比较好！"他的口气冒着冰烟："下个月。"

我在他面前坐了一分钟，不为无法利落办妥琐事而生气，我的心中浮起恐惧，宗教把他带到什么地方？

一九九二年四月发表

果 冻 诺 言

如果你跟我一样，喜欢在夏天制作果冻，无论是柠檬红茶冻或剁碎的水蜜桃冻，洋菜与适量的细糖、白兰地酒当然少不得。最重要的是必须找到精致小巧的容器，半月弯、椭圆球、五爪星，把茶汁果屑冻成诱人的肉体。

从冰箱取出，趁它冒着薄薄的烟，用透明的水晶碟盛着，搁一支小银叉，缀一颗长蒂小樱桃或几瓣玫瑰花（如果你的花瓶正插着玫瑰），再撒七八丝情人果（千万记得切丝，柳条儿细也行，发丝更好）。这么一盘果冻，的确诱惑访客的眼睛，下午茶时分端出，总会获得赞美。其实，这玩意儿简单，不过借助图案巧妙与装饰，造成可口的假象。通常，只能给一盘，吃多了，客人容易吃出果冻的破绽；给少，他才会怀着留恋的贪。我做的果冻，真是难吃。

我的女友，依我的审美观来看，她正是一盘危险、轻轻晃动的果冻。

这么说吧，果冻小姐懂得利用复杂修饰技巧隐藏先天的缺陷，包括参加打着"创造完美女人"旗号，结合健身、整形功能的专业美容中心，定期做脸改善油性肤质。她拥有一份不错的差事，很有希望接个副理职位，正在分期付款一栋房子、车子及一个丈夫。虽然身份证配偶栏还空着，不过双人床的空格常常填写不同的答案，反正这年头谁有兴趣考据一张床？她不需要橡皮擦，她叠罗汉。

果冻小姐的汉子们，我如此不敬乃因为来不及熟记他们的尊姓大名。据我所知，除了几位投注真感情的人士被她开除，大部分的败北者其实都是占有欲旺盛的都市玩家、超级战将。

"我是一只可怜的坏虫！"果冻小姐通常在接受第一束玫瑰时主动告解，男人们禁不住这层挑逗的，一方面想窥探她的可怜，更重要想见识她的坏。尤其后者，男人被自己巨大的影子欺骗了，以为可以驯服眼前的美丽小兽，帮助她改邪归正。

运用所有的天赋与能力，果冻小姐成功地掩藏内在的欲望，一种只有在现代社会才有可能铸造成剑的女性掠夺者的欲望。她征伐，所以她存在。可惜那些铩羽的兵卒没弄清楚，真正的掠夺者常常流出比婴儿还干净的眼泪，也只在被占有之后才发动攻击。

她显然预备用昂贵的青春操作感情期货，狠狠捞个满贯，包括社会地位及男人们非常贵重的感情，这点尤其激发她的斗志。然后，打算在花朵凋落时节过着掠夺者的凄清晚年。或者，根本不会允许"晚年"到来。

"这样子会不会觉得……"我吞吞吐吐说不上来。

"觉得对不起老祖母传统？"她轻蔑地瞪我一眼，"你的脑袋只会装些救苦救难的仁义道德，真想跟你绝交！"

绝交！当然不会。负性语言到了她嘴里纷纷爆发难以抵御的魅力。当她邪邪地眨着眼说"我要慢慢折磨你！"时，听者总会立即陷入恍惚状态，流露一种压抑过久的饥渴：折磨我吧！求求你折磨到我的骨子里吧！

她狐媚地坐在我的沙发上，一面搅匀蜂蜜花茶，一面朝着窗外的稀疏绿影以童女吟歌的声音说："我要他们忘不了我，愈恨就是愈爱！"挂在她嘴角的艳笑，真让我心头发痒、脚底发冷。既然苦劝无效，我这个在她眼中是块木头料子的朋友只好如此建议："盖座疗养院给他们吧，算你积德！"

终于，果冻小姐免付头期款逮到了一个丈夫。最近，她在我的录音机留了婚讯："有空来，没空不打紧，反正那种酒席怪油腻的。帖子我照寄，第一次嘛总得像个样！"我朝天花板吐了个小舌头，提不起兴致祝福一对冤家，照样回她的录音机："人不去了，礼金暂时替你存着，两年内没离婚再给。还有，别急着迁户口，免得离婚麻烦。请你做点好事，避孕！"

我知道自个儿呆，废话的，掠夺者通常比赌徒更懂得制造筹码，她当然会迁户口，她当然会怀小娃儿（说不定已经怀了，为了证明她的爱，擅长推理的男人或许想："她若不爱我，怎敢怀我的孩子呢？"但是对掠夺者而言，怀块肉跟长青春痘没什么差别）。当然，她会冠上夫姓，像戴一顶过时的帽子。

只有在这时候，我深深怜悯她的情人们，白白疼了她的坏，妩媚的坏。然后在更深露浓的晚上，缅怀她的好，嗟叹她的坏。把一辈子搓成一粒小樱桃，点缀着果冻的诺言。

一九八九年十二月发表

一九九四年六月修订

胎　记

　　注生娘娘替每个人按模子造脸，可是她门下的画工寻乐子，勾眉描唇之后，在我的朋友脸上调戏。

　　生活中常用的器具什物，有时也会发现制造过程留下的痕迹，优秀的师傅都知道在竣工时仔细拭掉所有的暗号，让购买者以为他买的桌子、椅套生来就是如此。可是，毕竟不是所有的师傅都勤快，所以不难发现刚剪来的上好布匹画了尺寸号码，书橱门片写了上下左右，就连菜市场买的猪肉，皮面上也有烙印。这些不相干的符号无碍器物本身的功能，可是眼睛不舒服，变出各种法子想拭掉它，徒劳而已。猪肉去皮也就算了，麻纱布面的黑字怎么治？除了一刀剪下，如削一条手臂。

　　注生娘娘必定养了一批画工替她干活儿，难免有的粗心，有的细致。我那朋友的白瓜子脸，如果额心点颗小朱砂，真是佛祖菩萨座旁的童女；若点在菱角嘴边，不媚也娇得滴水。偏偏大泼墨似的洒在左半脸，一眉一眼一颊被糟蹋了。当初画她的那位爷，必定是个酗酒的，三番两次要求调薪不得，大约情场也不甚得意，灌了黄汤，工头他说几句难听的，又说今晚急着出货，有一批娃儿必须出娘胎，揪他去赶大夜班。这位画爷火大了，一脚踹翻书桌，那碟红颜色，不折不扣洒在一名女娃儿脸上。当晚，我那朋友的妈妈看到女儿的脸，哭得死去活来，还怪自己怀孕期间爱吃红西红柿。

　　那位画爷有没有被革职或五花大绑抽鞭子，我们不得而知；可我那朋友从小郁郁寡欢、性情孤僻倒是真的。她后来喜欢蓄长发，故意散下来遮；她恨拍照的，也不玩什么大风吹青年男女联欢会，因为黑夜里月光下，只见得半张脸。

　　世事祸福相伴的，她既然没心思搞少女们最爱的花粉胭脂，全副精神闷在书房里了。脸蛋儿比不上人，学问才华倒是淋漓尽致。

　　活过一段岁数了，这些打娘胎带出来的伤心事犯不着一辈子绞在里头。她也练出胸襟，几个相熟的叫她"美人"，照应不误。我编了注生娘娘的画工故事安抚她，她寻着梗枝回过头取笑我："你的浓眉大概是画画的人以为是男孩子，画了一半发现是女的，赶快配个小眼睛。五短身材是铸土不够，所以你怎么发育也没用。"

每个人身上都是泥塑绘画的故事，美的是造化，丑的也不必张扬，将来死了，带着肉躯的影印本去掐画爷的脖子。

一九八九年十月发表

不 公 开 的 投 影

　　据说饲养宠物具有心理疗效，在不为人知的孤单时刻，尽情地对宠物倾诉，或臭骂那些惹毛他的坏坏，或嘀咕久久不来信的恋人，或只是泻了肚子，虽然服过保济丸，还是得跟狗狗说一声比较保险。曾经看过一个小孩，搂着小哈巴说："我今天自然考一百分，你高不高兴呀？"

　　据我很正式的观察，热爱宠物的人，大多是成长过程较孤单的。他们或是家中的独子，或姐妹中唯一的男孩；有的父母长年不在身边，有的少年离乡背井，又不小心超龄未嫁娶的；也有婚姻不快乐的，当然，孤零零养老的人，晨起遛狗的场面到处可见。

　　诡异的是，宠物与饲主的脸型、神情、个性总有几分酷似，使你不得不相信日久生情、因情塑型的铭印效果；甚至更浪漫地联想前世今生轮回之说，揣测他们必曾互许诺言，成就亲密关系。

撇开牟利分子或受了流行风潮饲养红龙的不谈，这些热情拥抱爱鱼、爱龟、爱猫、爱鼠、爱犬、爱猴、爱兔、爱鸟……者，相当程度发现在自己生命的古堡内有一处寂寥的小转角，非喧哗的人语及富裕的物质能够填补，更不用说使它发出美丽光芒了。每个人都有孤单的小隅，填补的法子不同而已。豢养一条小狗与一盆常春藤，意义是一样的。在报纸广告或电线杆上看到重金悬赏走失的爱犬，附全身照片并详述行为特征、病历号码及遗失时地，末尾写着"主人泣谢"。其实丢掉的不是一条狗，而是他的爱侣、兄弟、孩子，甚至是以狗的形体存在的自己。这跟常春藤枯死时，一个小女生深深自责与哀伤同等重量。虽然，了不起两百块，花市里多得是。

如果从价位角度评判，我们永远无法理解主人与宠物之间非常秘密的联系，也体会不出他们生命小转角的美丽投影。对于人的内心世界，我们愈往前走一步，愈感到那一股无法言喻的庄严。不禁感到懊悔，多年前一位眼皮发肿的女性友人向我索求佛经，以殉葬她的爱猫时，我当下有一丝不以为然的念头。我现在应该为这丝不干净的念头悔悟，因为她不仅比我更早发现生命古堡内有一处小转角，也毫无保留地把她对生命的敬重投影进去了。

不过，我也弥补了这件小过。有人送我一对爱情鸟，无处饲养，只好搁在办公室的后阳台，当然跟我一样，三餐做一顿吃。换水、找墨鱼骨头补充钙质、新鲜蔬菜当零嘴等琐事，一概无暇兼顾。可怜的爱情鸟，主人情窦未开，也顾不得它们发不发情的事儿了。忽然，发现有人买小米喂食它们，连鸟屎都清了。有一天，那个隐藏的爱慕者出现了，他结结巴巴，有点紧张说："我……我喂过它们了……"没多久，他又说："台风快到了，它们挺可怜的，我可不可以带回家，暂时养一阵……"

眼前这位百八十厘米高、会议桌上雄辩滔滔的大男人，腼腆如一名小童。"送你！"我说。他迸笑三声，表情如一口湖泊被纷纷跃水的孩童弄活了。爱情鸟找到真正的主人，可以稳稳当当产几粒小蛋儿，孵几只小爱情，直到生命告终。我若有所失，在爱情鸟走后，可又不明白，原先不爱的东西走了，有什么理由引发闷闷不乐呢？

或许，那是第一次，误打误撞因不爱的鸟儿发现自己的小转角，可又不知道爱的是什么，遂使它继续在灰尘中沉寂。有一日，我忽发奇想，找了小笔记本记录百来盆植物的来源、名字、习性、繁衍情况，如何为它们装饰、用蛋清洗叶片、换盆的小节浮现眼前，如何在按捺不住的冲动下爬过铁栅栏去挽救一株九重葛的行为也得到解释了。

我发现自己生命古堡内的转角！那一日非常光亮，看到自己马拉巴栗式的手影正在舞动，虽然转角非常拥挤。

一九九〇年五月发表
一九九四年六月修订

118

出 租 车 包 厢

之一 "运匠"

出入大多搭出租车，平均一年坐过五百部，若以五年来算，大约破两千五百部了。

虽然朋友劝我，一个单身弱女子还是小心为要，这年头好人坏人没刻在额头上。一来，我自有一套辨认出租车的技术，绝不轻易招车；二来，累积的经验让我相信，对这群辛勤的服务者而言，被一竿子打翻一条船并不公平。害群者固然应该受到谴责，但沉默的大多数"好人"更应该接受鼓励与感念。

不管往哪里，短程或长程，我总是先站在路边"选车"，凡是行进速度平稳，车辆干净或隶属于特定团体的，比较容易获得我的好感。这些表示他对自己的工作有一份基础责任，虽然以貌取人不见得恰当，但用在选择出租车上却是很好的评断方式，一个不尊重自己工作的人，是不会天天把车子弄干净的。招手后，我并不直接上车，先问他某某地方去不去？一则，在台北的交通黑暗期，我愿意体谅对方的意愿，如果他说可以，表示心甘情愿跑这趟车，主客愉快。二来，当他在思考愿不愿意去的三四秒中，也正是我观察车内陈设与司机本人的时候，虽是凭直觉，但绝对是理性的。凡是车号、登记标示清楚，衣着整齐，车内悬挂佛珠、护身符，驾驶台上摆全家福照片……毫无疑问，是个"稳定性"较高的人。对开车这种长时间坐着，工作环境差，随时必须保持警觉的特殊行业，稳定性非常重要。而有宗教信仰或系念家庭的人，表示他注重工作中的"安全"。事实上，对他而言，所信仰的上帝、观世音菩萨或挚爱的妻子、儿女正陪伴他一起工作，他的心已经靠岸，自然不会临时起意劫财劫色去毁掉已有的幸福。当然，那些把零钱分十元、五元、一元整齐归类，椅背放报纸、杂志或张贴兼售羊脂香皂的，表示他很有规律地在经营自己的生意，也值得信任。这些车都有共同特色，内部整齐、干净。

除了一位言语轻佻，我半路下车；一位血气方刚，故意撞别人车尾；一位在大风雨半路把我赶下来之外，其他两千四百九十七位"运匠"，不仅安全地将我送到目的地，甚至在车程中，与我分享他们的人生故事、家庭生活及处世之道。我是一个很好的聆听者（可能长得像一只麦克风，使他们不知不觉会主动聊起天了），抱持同样在都市里讨生活的小市民感情，我对他们有一份基础尊重。他们说，很多乘客颐指气使，以为付车钱就是大老板，可以苛刻讲话，令人"不爽"！少了一份体谅，自然多一份争吵，吃亏的是双方。我从不坚持路线、走法，如果对方询问我可否去加油，等他两分钟给孩子送便当马上出来，很抱歉可否去买个面包中午还没吃，接太太下班待会儿车钱少算一点啦……我都非常客气地答应。这就是活生生的人世，有什么不能够答应的呢？如果，我满脸怨气，摆副架子丢钱下车，他心里一定很难过，觉得受到委屈，对工作也就充满挫折感，心情影响往后的服务质量，而我不仅伤了他的心，也同样对下一位乘客不公平了。有时，我会主动赞美他的车舒适，开车技术平稳，或感谢他愿意载我，提供良好服务。我不是主人，他才是主人，我希望让他知道，在百千万个乘客中至少有一位陌生小姐对他表达尊敬与谢意，肯定他对社会所做的贡献。

一位老"荣民"（一般指随国民党军队撤退到台湾的那些退伍老兵）教我如何辨识安全的车，苦口婆心像个老爸爸。有一位教我如何养狗，描述他的狗闹脾气，生动得像一位小说家。一位拟办杂志，由于双方聊得有点相逢恨晚，遂留下地址，果然后来收到他自写、自编、自卖的脱口秀型杂志。一位送我十八本寺庙善书，像个传播福音的布道大士。一位年轻小伙子刚参加完歌唱选拔，正在懊恼表现失常，要我公正客观地评判，他高声忘情地把江蕙的歌唱得肝肠寸断。由于我说真金不怕火炼，将来总会出头的，他慷慨地送我一张海报，反馈知音。有一位本省阿伯，聊日本侵占时期大稻埕奇闻，一等的说故事高手。另一位，元旦凌晨搭的车，下车时送我一张贺年卡说："新年快乐，大家快乐哦！"其中有两位，坚持不收钱，一是谈宗教，一是宜兰乡亲，推辞好久，只收半价。另一位知道我是中文系出身的，一路上与我诗词唱和，那真是美妙经验，在大塞车的和平东路、基隆路段，一个说"黄河之水天上来"，一个对"奔流到海不复回"，从李白、陶渊明、苏东坡，一路背诵，他还不停地拍方向盘打拍子呢！

有一位令我非常感动，我们聊起处世之道，他说开车最要紧的修养是"无争"，做一行要像一行。人生也不过几十年，能帮助别人做点善事应该立刻去做。他说，马路上常看到车祸受伤的人，他绝不会置之不顾，四五次了，看到有人躺在那儿，自动送去医院，这种事不仅拿不到钱，还搞得车座血迹斑斑。他的太太刚开始很不谅解，洗血迹椅套当然有点触霉头。后来，再也不说话了，那件事证明好人有好报：有一回，他在木栅路看到一位骑机车的骑士躺在路上，颇严重的样子，没人搭理，他停车打算送他到医院，赫然发现躺着的骑士是他的小舅子。这件事给他很大的震撼，如果他没有悲悯之心，怎会救到自家人呢？他说：好危险啊！如果当时没停车，事后知道那是小舅子，要是他死了，我的良心一辈子不安！

这默默无闻的一群，也许跟他们每个人的交集，一辈子仅有一回，可是我知道他们认认真真地活着，尊重自己的工作，还慷慨地与陌生乘客分享纯朴的人情。

之二　她的方向盘

遇到她那天早上，我竟有一些感动。

因为搭错车，不得不招出租车，报了地点，我埋头翻阅当天要处理的资料，行经松山圆环，司机忽然说："嘿！市场快盖好了！"才惊觉是个女司机，她的语调愉快，好像市场是比世贸大楼更重要的建筑物。像我这种吃菜不知菜价的人，很难对市场付出关心，也由此猜想她是个长年与市场打交道的家庭主妇。

的确，她已不再年轻，微微发福的体态显然不止生过一个小孩，她套着乡下农妇干活用的连臂手套，为了怕滑落，还用一条松紧带连接两臂。手套破旧，大概开车也多年了。她脂粉未施，一头烫疲的鬈发被灌进来的风翻成大波浪。从她开车的韵律（转弯、超车、加速、刹车……），觉得她的个性具有强悍的一面，大约是那种遇到马路摩擦、下车来嚷得过人家，真要动手，也能踹两脚的悍女人。

"你跟我的一位大婶很像，手脚快！"我无意间这么说，毫无聊天的念头，毕竟只是一段司机与乘客的关系。

"还是不要学开车较好！"她忽然说话，没头没尾，我摸不出这句话的底细，漫应着："是啊，台北的交通太乱了！"又回神想自己的心事。

她嗯哼几声，又重复前面的话，有些喟叹的语意夹在洪亮的音调里，这引发我对她的好奇，顿时觉得她并非规劝我不要学开车，而是对她的生活作一次省思之后的结论。

"你跟你先生轮流开车吗？"我只想引出她的先生。也许是女人的直觉，结婚之后，一个散发幸福容光的女人与折磨中的女人，她们的背后都可以揪出一个决定性的男人。

"他以前对我好好！"她一面打方向盘一面说，那一定是段甜美的生活。"他不要我出来做事！"然后是丈夫生病，她学会开车，丈夫在家疗养，她开着他的出租车出门了。然后开始见不到他的人，也许在赌场，也许在某处寻欢的场所，结论是："既然你会赚钱了。"每个月的生活费逐渐减半，终于不给了。

"所以，还是不要学开车！"她经历这么多年，似乎把所有问题的症结归之于学会开车，言下之意是自作自受的。我有些愤怒，对她说：

"你应该这样想，还好你学会开车了，要不然你要靠谁啊？"

"对啦，对啦，还好有'一技之长'！"

她说"一技之长"时，那语气是无奈中带着侥幸的。

"你们还住在一起吗？"我已经显得没有耐性，恨不得替她把这种人踢得远远的。

"还住在一起啊！不过，他总有一天会跟比我年轻漂亮的小姐在一起，我要想远一点，现在要存点钱！"她说小孩快毕业了，可以找工作，流露出做母亲的得意之情。

下车时，也没交换姓名，只知道她会继续奔波于不同的街口，客人要往哪里就往哪里打方向盘。她似乎已接受现实里的种种难题，不知道她会不会哭，但我猜她在擦眼泪甩鼻涕之后，会用那句简单的话安慰自己：

"还好我有一技之长！"

之三　掉东西

"今天凌晨，李先生从永和搭黄色出租车到吴兴街，把一个黑色皮包给忘了，里头有现金五千块、提款卡、身份证和一串钥匙。早上，陈太太从新店搭车到仁爱路，把伞跟……跟假牙给掉了，以上失物请捡到的朋友送到电台来……"

假牙！我与"运匠"不约而同大笑，原本沉默的车程忽然轻松起来，他甚至笑到咳嗽。

如果列举十大最容易忘掉或不小心遗失的东西会是什么？伞、证件、皮夹、眼镜、药包、情人的眼泪、自己的身世、债务……我乱想着。突然发现自己是个不会忘记随身携带之物的人，有点无趣，显然警觉性太高了，接近可悲。我问司机最常在车内捡到什么，有没有捡到非常特别的东西？

"我没有偏财运的啦，了不起捡到一块钱十块钱、破伞啦有的没的，不过有一次一对夫妻大包小包要到火车站，他们下车后我就往前开啦，噫，怎么听到婴儿哭？一看后座，说有这种父母啦，连自己的孩子都忘了抱！"

"会不会故意遗弃啊！"我问。

"什么！我只好回到火车站，他们两个正在排队买票，看到我抱小孩来就互相骂啦，太太以为先生抱了，先生以为太太抱了，唉，糊里糊涂嘛！"他说。

我相信这回事。很多年前，在台北火车站的失物招领布告栏上，原本抱着打发候车时间的无聊心情详细阅读失物内容，身份证、行李……都能理解，忽然看到一项不可思议的失物：骨灰坛。我一直思考不出遗失的理由。

现在我懂了，可悯的死者一定子女众多。

一九九二年三月发表

古 意

　　住在冬山河畔的姑丈与阿姑仍然守着上一代留下来的碾米厂，把孩子磨大，自己磨老了。自从我家迁到台北，祖田便托他们代耕，老厝久不住人难免漏雨灌风，我们回乡时，理所当然住在阿姑家。

　　姑姑做的萝卜干远近驰名，以前日子坏，乡下女人都学会晒萝卜干、豆腐乳、酱瓜的手艺。现在不需要咬萝卜干了，吃腻大鱼大肉，反而分外怀念清粥小菜。所以传统习惯仍旧保留下来，每年夏天总有人回乡，特地载回阿姑的萝卜干，她也非常得意"你们这些台北人"居然爱吃！十来罐玻璃瓶，除了自食，还可以当作厚礼分赠好友，光看鲜黄的颜色，就知道又脆又甘，忍不住煮一锅红心地瓜稀饭，咬得满屋子乱响。

　　今年，她正在装瓶时，一辆游览车停在碾米厂门口，一群日本观光客很礼貌地向她借盥洗室，当然看到她的萝卜干。

姑姑请他们吃，没想到这些日本人赞不绝口，想买台湾乡村的渍物回去。导游以闽南语告诉姑姑：一瓶算两百块，你这里有十瓶，两千块哟！姑姑说："吃，尽量啦，但是不能卖，我答应人家了，每瓶都有主人。"

我们知道后，都骂她傻，钱到眼前也不会赚，自家人，再晒就有了嘛。她扯着嗓门说："再来就台风天喽怎么晒？卖了，叫我怎么变给你们！"年年都吃，今年不吃又不会怎么样，何况都是吃现成没给过钱的自己妹妹、嫂嫂、阿姨……她说："那不同款啦！"

我才发现，守信的人讲起话来嗓门真响。然后，我问自己，如果我是她，会不会卖？

废 园 纪 事

——给正要离家的女人

她背着旅行袋往外走时，我正要修剪一盆榆树。杂乱的枝丫唧唧当当吊了细琐枯叶，像一具出土骨骸黏着大把古币。一张蜘蛛网织得颇雅致，手艺不错的样子，我蹲着，端详好一会儿了，不太确定要不要剪掉榆枝，那会破坏悬吊在榆枝与竹竿之间的蛛网，我仰首欣赏网络，推测那只蜘蛛到底从哪里开始织起？如何在空中保持自身平衡？并且准确地织出想要的图样？正因为这么无聊地觑着蜘蛛网漫想，我无须更换姿势即看到那只鲜黄印花旅行袋被扔出来，几声狗吠中，她倏然出现。

榆树本来摆在客厅的，方形陶盆上还清清楚楚烧了"寿"字。我不算喜欢，也谈不上讨厌，"寿"这个字很难引起我的好感，总觉得像人体解剖图上那坨弯弯曲曲的肥肠，太接近柴米油盐了。不过，对无关紧要的东西我通常不太在意，有时无所谓到了怯弱的地步。榆树长得俊不俊，跟花盆上有没有"寿"字一点亲戚关系也没有。在两珠鱼眼灯泼影似的光影下，榆树看起来像书香门第刚娶进门的少奶奶。我想，那是它短暂的欢愉，接下来——所有的华美故事一旦出现"接下来"三个字，通常意味着至少有一名罪魁祸首必须被热烈地描述。然而，在生活中，我十分厌弃采用这种技巧去陈述所谓的罪魁祸首，照我看来，如果每件事情都要揪出祸害者，这世间岂不成了罪犯乐园。我的结论通常像一个打了冗长呵欠的法官会说的："应该是……谁都没错吧！"清清淡淡的，谈笑间灰飞烟灭，各自回家睡觉。这就是那棵榆树必须躺在竹丛下的理由，一切归于宿命。

　　天空忽然转阴，没什么理由，就像我擒着尖嘴花剪无目标地逗弄花木一样，问不出从一株待修的榆树盆景转而啮掉栅栏上房地产公司系的"温馨小筑，欢迎参观"旗绳，又溜到隔壁家院子瞪着那棵高耸的玉兰树发愣到底基于什么样的诱引？真是一个漫无目的、思维随时跳跃的无聊人哪！不过，当我站在花台边，踮起脚尖想要修葺一枝被风吹折的玉兰枝时，记忆像荧幕上显现般清楚。这棵原本养在塑料盆内面临枯萎宿命的玉兰树，后来被我抛弃，富同情心的邻人捡了，去盆后移植入土，也不知得了什么造化，居然大大方方改头换面。我想再也不可能用什么花盆拘它了，它的叶片大到可以掴我的脸。

果然落下几滴雨，真是无趣的下午，什么正经事也没做。我看这局面也觉得怪难为情的，于是随手抽出扫帚收拾落叶，理出一包垃圾出门去丢，好像一个被派到外地研发新市场的主管，啥也没有做成，买几件当地土产回公司，有个交代般猥猥琐琐。

　　我又看到那只鲜黄旅行袋，在垃圾箱旁边的小公园里。附近挨溪，有人竖了小凉亭，几棵饥民似的羊蹄甲、黄槐恣意杵着，没什么格局就是了。旅行袋放在地上，一名女人面溪而坐，我看不见她的脸，也无法分辨她处于何种境况？我的意思是，如果看见两辆车停在路边，有人指天泼骂，你知道八成是车祸；如果有人在头上别一朵小白花，你知道死神到他家串过门了。然而，一个面溪而坐的女人背影，旁边躺一只像旅行社赠送的塑胶背包，你很难猜测她正要出远门不回来过夜呢，还是到某处办事晚上就会回来？或是被革职的女管家？还是一气之下打算离家出走的妻子？当然，也有可能是登门理论的外遇第三者，不过，这太离谱了，至少我觉得在这种忽晴忽雨的暧昧午后不太可能出现惊骇的故事。

　　那条狗出现了，提腿在树干撒泡尿后，猥猥琐琐地窜来窜去。我丢完垃圾了，照理应该往回走，却不可置信地在公园对面的空地上磨磨蹭蹭，踢踢蟛蜞菊，扯扯藿香蓟，我忽然发现整个下午——正确地说从我拿着花剪想要修剪那盆榆树开始，我与那只鲜黄旅行袋、那名陌生女人、那条狗不知不觉织成一张神秘的蜘蛛网，我之所以无法立刻返家就是被蜘蛛网的张力牵制住了！这瞬间的灵感使我格外兴奋起来，我知道要从蜘蛛网抽身的唯一法子就是扯破网络，也就是，我应该跟她搭讪。

"你家的狗吗？"我故作轻松地说。

我猛地回头，果然有一张脸，撒着黑斑的扁圆脸，没什么表情，或者应该说，从她的眼中看，像我这样莫名其妙出现、看不出善意或恶意的陌生女人无法牵动她的表情。但我的直觉告诉我，这女人刚刚进入想要流泪的酝酿末期，差不多再三秒钟即能顺利流出热泪，却被冒失的我打断以至把泪意逼回去，留下没有表情的表情。我有点内疚，整个下午都不对劲，至少，从我想要整理荒废的园子开始，说真的，我并没有计划要修理榆树，更没有想要侵犯一个渴望流泪的女人的隐私权。我几乎是结结巴巴地，像做错事的小孩般对她说："下雨了，你……你有没有带伞……"

多可笑啊！她有没有带伞关我什么事？她淋雨感冒了关我什么事？她要去哪里关我什么事？往回走的路上，我嘟嘟囔囔念着，决定立刻遗忘所有跟我无关的事——也因为这个决定，我自然而然回头再看一眼。她背起鲜黄的旅行袋往前走几步，侧身——驱赶那条狗，没走几步，又张开两手挥扫，真是固执的小狗，晃晃荡荡又随她走了。

我又决定了，回家后立刻修理那棵半枯的榆树，嗯，换换土说不定有新的造化。至于其他，反正旅行袋已挂在女人肩上，而女人走的时候，至少有一条狗陪她。

一九九四年五月发表

暗 道 之 歌
——给狗儿

我希望那条狗死掉。所以，那晚在地下道，放了五百元在异地游唱者的吉他盒。圣诞节前夕，台北寒雨，我很冷。

"亲爱的 Z，我继续写下对你的倾诉。虽然，我们始终没见过面——这是我对你感到抱歉的地方，你拥有我的全部心思与情感，甚至窥视了我永远封锁的秘密仓廪，然而我们没有机会面对面共进晚餐或手拉手月下漫步。因为，你是我想象中的人物，你的存在决定于我的想象。Z，我只能答应你，不想象别人来取代你。

"虽然没见过面，但是 Z，只有你能了解为何我忘不了那条狗。记号与记忆世界之间的关系如同鱼饵与鱼，我的记忆世界像一条活跃的大鱼，不断吞食现实生活那些凌乱、意义暧昧的碎饵，借以壮大它自己。我几乎可以抚摸到它那虹彩般鲜艳的鱼鳞，时而幻化成纷飞的桃花雪或只有我一人与

134

众鸟居住的冰河世纪，每一声鸟啼皆成蓝露……然而，Z，这就是让我痛苦的地方：当鱼遇到饵，刹那之间，我不能判断自己隶属于鱼所存在的美丽世界抑或饵所存在的破碎、喧哗的现实世界。再者，记忆世界的每件故事、每片风景，经过漂洗、装饰、抚慰，不仅各自发亮，彼此亦完成亲密的意义系统，和谐地运转着。而现实中触目所及，大多是失去意义线索的废弃零件——或片段的恋情、或丑陋的公寓铁窗上一只啁啾的麻雀、或苍蝇飞绕的垃圾堆旁一只白猫的凄艳眼神……Z，我不可遏抑地放纵记忆像一条大鱼去捡食这些微小的美好零件（一只啁啾的麻雀、白猫的凄艳眼神、恋情）拒绝接受公寓铁窗、片段、垃圾堆。吞入鱼肚，整编它们，纳入意义系统。而我开始感到恐惧，再这样下去，会逐渐脱离现实，遁入绚烂的记忆世界不再出来。

"那条狗，Z，你已能跟我同步看见那条奔跑于乡间小路、快乐吠叫的小土狗。它没有固定名字，有时叫来福、旺旺，有时就叫'狗'，好几位妇人给饭吃，她们用自己的方式呼喊它，所以有很多名字。它是一条好动的狗，常莫名其妙兴奋起来，追母鸡、番鸭、野猫、田鼠或骑单车的儿童。有时，只是在收割后的稻田跑来跑去，追自己的影子吧！

"它用吠声证明存在，每个人都尊重它的存在，包括晚上偷溜出来的鬼。由于后院有它的专用饭盒，渐渐也在我家过夜了（Z，过不过夜决定他是不是你的人，这道理也适用于狗）。它喜欢在早上五点半溜到妈妈房间，舔她的脚板，叫她起来煮饭。也许，它是一只七点钟未吃早饭就觉得受到侮辱的狗吧！妈妈也听它的。

"后来，必须搬家。我们无法带它到台北又无人愿意对它负起责任（Z，农村到处是狗），只好遗弃它。

"我走了很长的路，穿过陌生小镇、不知名村庄，几乎要从夏天走到秋天。它开开心心地跟随，以为要去郊游。在紧邻农舍的一条柏油马路上（它不难在这附近找到剩饭残羹，说不定运气好变成家犬），我命令它坐下，决定跟它告别：'再见了，狗，不要跟我，听到没！'它的眼神像往常一样天真，仿佛一无所知又像意识到什么。我往回走，它跟了，我呵斥它，它停住，晃着尾巴，看我。继续走，又听到它跟随的声音，遂拾起石子作势丢它，它惊慌走避，一连吠了几声，来回踱步，又站在路中，垂着尾巴，看我。走一百步，回头，它仍然站在路中望我；两百步，回头，它仍然站在路中望我。只要轻轻一个手势，我知道它会飞奔而来，吠着、跳着，朝回家之路跑去。我没有挥手。Z，你知道我为何忘不了它？从来没有一个人像烈日下的那条狗一样，肯定它自己要成为我生命的一部分。Z，那是第一次我被肯定的力量撞痛，而对方竟是一条被我遗弃的狗。"

几天前，三岔路口。那条狗歪歪扭扭地走着，长满恶臭的癫痫，全身已脱光毛发。它还活着，很困难地继续走路，

136

在城市的灰暗边界。三岔路附近正好有站牌，候车者看见它，或掩鼻走避，或捡空罐头丢它。它只好踱到对面，遭受同样待遇，又歪歪斜斜地颠回来。刚才的候车者已走了，它终于可以歇一会儿。我想不透它为何要在危险的三岔路口逗留，后来想到，一定被附近住家、商店"逼"到只剩三岔路口容得下它躺一会儿、摩擦路面止痒吧！也许，它想结束自己，那儿是最容易被车压死的地方。

　　"Z，亲爱的，有一个地方，在华丽的记忆世界。雀群啄食低垂的稻穗，天空晴朗得连空气都有薄薄的蓝莓果子味。那条被我遗弃的狗奔跑于绿油油的乡间小路，把麻雀赶回天空、鸭子赶到江面，把我赶回家。"

　　圣诞节前夕，雨潺潺落在五彩霓虹都会。地下道的灯光惨白，飘着室人的霉味。他，也许来自寒带，只穿一件短袖T恤，蓄着焦黄色络腮胡的异地歌手，站在地下道对这个冷雨的城市及疲惫的台北过客自弹自唱。我听了一会儿，他甚至对我微笑，吉他弹得很起劲。我想起那条长满癞痢的城市弃狗，想祝福它"往生"。所以，抽出五百元放入吉他盒，对他说，我喜欢你的歌，非常。

　　"Z，狗儿们都会喜欢我替它们买的这首歌。"

　　我走时，听到他大声唱着：

Country roads take me home

To the place I belong.

大 踏 步 的 流 浪 汉

——哀王介安（1956~1992，享年三十七岁）

大踏步的流浪汉

你终于卸下破行囊

天渐渐亮　预告一场豪雨

我们依然沉默，信任自己的床

　　介安，讲了一则笑话之后，我拿出口红，捏着小镜子正要画唇，午餐后办公室有人问趣味心理测验。电话响，我抓起听筒快乐"喂"着，继续旋出口红准备画唇——马上必须出门赴约。电话中有人说出消息，静止了，所有的动作与喧哗，世界变成一张揉皱的底片在滔滔浊浪中漂流，我活着，活得很孤单。挂断电话，同事笑闹："快，你的答案！"我继续捏正小镜看到自己缓慢地画出鲜红的嘴唇，活的嘴唇；看到自己翻开行事历从写满日志的五月二十那格拉出一条遥远的黑线写下："早晨五点四十五分，王介安死了。"合上，抓起皮包出门。我看到自己舍弃电梯，弯入楼梯暗处坐在肮脏石阶望着黑墙流不出泪。介安，为什么不是我而是你，为什么不是索然无味的我却是热爱世间的你？

豪雨洗濯午后市街

不打伞的女人缄默一桩死亡

擦身而过皆不相知

相知者，一一离席

电话中，你的妻子压抑哭泣，缓缓地说，介安交代的，后事一切从简，只要打电话告诉几个好朋友就行了。你总是用自己的方式处理人生，在生命尾声，仍然愿意把我当作一个好朋友，让我更难受。介安，当你躺在床上念着好友的名字，是否对我们流下告别的眼泪？介安流泪只有介安知道，我们自顾自奔波，在世界的一角。

一盏小灯划破长夜

我们围桌而坐

嚼食真理，痛饮思潮

你说：这岛屿铜锈太深

轮到你们擦亮

把我当作晚宴吧

为了你们健壮

我情愿奉献

　　七年前，忘了季节的一九八五，丘主编带个陌生男子到杂志办公室，说是新同事。那是第一次认识你，高大健壮、穿西装打领带，叫王菲林，本名王介安，刚从UCLA（加利福尼亚大学洛杉矶分校）念电影回来。

　　早期编辑部人马未定，六张大木桌相并。你与吴姓编辑押坐最左边，我与陈姓编辑对坐最右边。中间一张空着，另一张坐了梅主编——他当时仍在另一家书局担任要职，下午才会到。陈君又是联副派来支援的，也不常在。我右手边的两张大桌分属发行人与总编辑，他们除了偶尔出巡，大部分时间空得一尘不染。这样的地理位置对我而言很孤单，总觉得你与吴君两个加起来超过一百七十公斤的押了两角，快把我这块四十公斤的瘦肉弹到天空去。现在想起这些细节，真像一部电影的开场，观众很容易从位置得到暗示，如果命运之神的铁锤击下来，命中的该是孤守边陲、弱不禁风的我，不可能是你？编辑部主要就我们三口度日，虽然你与吴君大刺刺地不懂得"保护"我这唯一的女性，反而因地利之便与旁边美术部的主编黄君打得火热，只差没把桌子并过去闹分家。还好我不是娇滴滴需要保护的人，只嘀咕两个壮丁心不在焉场面不好看，干脆搬把椅子杵在你们中间加入谈话，正的邪的甜的咸的天马行空。你总是太认真又太天真，芝麻小事也能庄严肃穆谈一篇"上层建筑"之类的宏论，而黄君正好是你的反面，像个冷面笑匠三言两语把你从上层建筑踹下来。你一辞穷就挠耳抓腮继而放纵大笑，两坨颧骨耸动，咧个大嘴笑得地动山摇。我习惯聆听，偶尔配几句惊人之语助兴。那段时光多么美好，真像几个无用武之地的流浪汉半途凑合了，齐手在胭脂盆地打下山寨安身，颇有几分绿林侠盗的调儿。外人很难想象一本华贵的文学杂志、一间装潢典雅的大办公室里，居然窝出草莽气息浓厚的小型梁山泊。大概从那时候起，你们没当我是女人，我也压根儿不把你们当男人。

你不能算是好编辑，熟练的编辑是一种熟练的自我消耗，巨细靡遗地溺在琐碎的编务里忽生忽死。看得出来你绝非坐领一份薪水稳稳当当爬升就能安顿生命的人，最大的热情在电影、时事，尤其政治。那时空气仍然沉滞苦闷，长期被扼喉似有喑哑之忧又隐然是呐喊前奏，从你的谈话，我感觉你对这个社会下过苦功，有一番深刻剖析与沉痛反省，你关心整体命运超过一个编辑该关心的或学成归来的男人该谋求的。我开始欣赏你，一点一滴从你身上看到知识分子高贵的光芒，忠贞于良知的光芒。介安，你帮助我看到自己的匮乏与迷惘。

有一天，我问你哪里可以找到解构主义的书，那阵子俨然是显学。没想到第二天，你搬来一大摞福柯著作，简直超出我的需要。后来才知道你回台后，书籍装箱分置几处，这表示那天晚上你为我分头找书，把朋友的一句话当作重要大事，你不吝啬与人分享所学所知。我还记得有一回你搬来幻灯机，把跑遍台湾拍来的幻灯片依序打出，从梯田中耕耘的水牛、少数民族部落、改建中的农舍、高雄加工区女工下班车阵、出口货柜、台北玻璃帷幕大楼……赫然是一部慢动作台湾成长史。我预感你不会在这家文学杂志待太久，你像一匹壮硕昂扬的汗血马寻找征场，而一九八五年，台湾尚未"解严"。

介安，如果人生总是平坦顺遂，无重击或死别，我们很难从荒烟废墟中体悟生命曾经多么甜美，友谊如此珍贵。就像现在我回想往昔，所有的细节回过头来刺痛我的心，当时处身其中视为理所当然的，现在才发觉无一不是慷慨的礼物。

你几乎变成我的数据库，那阵子着实从你那里获得不少因政治禁忌而无缘阅读的书籍，第一部看到大陆电影是在你家放的《牧马人》。人的一生总会遇到一两个朋友带来丰厚礼物，你带给我知识食粮，当我匍匐于匮乏与迷惘的隧道中，你像一个热情路人掏出所有食物放在我的面前。介安，没有知识就没有思想。

你邀我读书。离职前，私下问我有没有兴趣参加读书会，你想带领几个有潜力的年轻学生念点书，希望我参加。前后维持半年，每周一两回，在我家或你家，有时在你的朋友的办公室，仔仔细细研读亚当·斯密的《国富论》。晚上的你与白天办公室中畅快笑闹的你判若两人，严肃、热切，恨不得掏空自己与人分享。从《国富论》到新马诸大家的研读，虽未直接反映在我的创作里，但已为我凿出另一双眼睛去理解世界的变动。

你免费做这些。你走后，任职报社的蔡先生告诉我，当他还是政研所的学生时，你同样带领他们围桌聚读，甚至躲到深山僻屋，闭关数日读书、辩论、翻译 Louis Althusser（路易·阿尔都堡）的著作。他说你是个播种者，恨不得以身作薪，用实际奉献激荡年轻学子的视野。介安，你所做之事在当时仍会招来紧迫盯人的麻烦，而你依旧不求任何回报，不断为年轻朋友擦亮知识与行动的火苗。

我们无法全部了解一个人的一生，哪怕他的一生多么简短。我隐约感觉你交游广阔，与电影、文化、政治、学术、新锐组织等不同领域的精英分子皆有渊源，甚至参与极深。有一次我试探性地问你，你笑而不答。我揣测你基于保护各个领域圈的纯粹性，避免为他们带来不必要的干扰；再者，你一向喜居幕后，不爱站在镁光灯下，我相信获知你的死讯后，不同领域的朋友、学生为你痛哭，也跟我一样，不知同哭者还有谁？

你对朋友重情重义，一秉热情坦荡、赴汤蹈火的精神待人。在你身上完全看不到功利社会那套虚与委蛇、锱铢必较的人际操作术，我从未听过你讥讽、嘲笑、暗斗任何人。你属于人性的阳光面，把自己冶炼得干净澄明。虽为知识分子，对基层劳工与长期被压缩的人群却以实际行动表达对他们的尊重与奥援。当我们看过太多贪婪的人之后，想起你，更佩服你一贯保持严苛的自律意志与实践精神。你的经济条件很差，除了薪水几乎没有别的收入，可是蔡先生告诉我，你除了耗费时间、精神陪他们成长，也包括金钱支援。你告诉他们：“不要把钱放在心上，将来等你有了，再流通到别人身上。”介安，人人为己，你为什么？

几件 T 恤，两三条长裤，你的物质生活几近简陋。每天骑一辆破摩托车上班，办公桌上凌乱不堪，摊着中英文书籍、笔、信件、撰写中的原稿、钥匙、相机、录音机、电池、校对中的稿子、一把掉齿梳子、牙签、一瓶古龙水、玻璃杯内长霉的茶叶、一碗烟蒂、没喝完的可口可乐、英文杂志、皱巴巴的长寿烟、有时出现刮胡刀……（我之所以记得这么清楚，乃因有几次在快要受不了又不侵犯隐私的情况下，收拾了你的桌子）。凡是跟你同事过的人，对这样的办公桌一定终生难忘吧！你甘于为理想卖命，基础生活像个走江湖的流浪汉，常常几天不睡或几餐不吃，所幸身体健壮魁梧，大家也就不当一回事。有一次闲聊，你像发表论文似的提到随身皮夹里有一张遗书，写明若发生意外事故送医不治，愿立刻捐赠所有器官。你蛮认真说这些的，不过大家当作笑谈取闹一番，三十岁的人讲这种事未免扯远了。我记得你后来还认认真真写一篇文章，鼓吹捐赠器官救人。

介安，七年后的今天，躺在棺材里的你没有一样器官能捐，癌细胞把你啃得不成人形。

> 魔菌在你身上野宴
> 白骨骷髅尾随在后，偷窃身影
> 每当子夜，骑坐屋顶
>
> 横骨为箫，预先吹奏哀调
> 大踏步的流浪汉
> 你信赖肉体，蜉蝣信赖朝云
> 却不知死神已在你的脸上签名

离开文学杂志后，你到具社会关怀的《人间》杂志上班。不久我也离职，便疏于联络。除了几次，几人相约到同事家、民生东路（你母亲下厨）、新店你独居的家（你烧一锅拿手的牛肉面，颇具职业水平）以及我赁住的万芳社区（那一次至凌晨才散，害美术主编黄君搭垃圾车下山），见了面完全不碰个人深层问题，纯粹喝酒聊天互相挖苦取闹。黄君带给你很多快乐，他与生俱来有一套飞砖走瓦的本领粉碎你的严肃逻辑，你们俩绝不是志同道合的革命伙伴，倒像荒郊野外忽然碰在一起的流浪哥儿们。这时候的你比较人性，难免会扯到儿女情长的话题——对我们三人而言这是言论禁区，从不端到桌上的。你的个性有个优点，除非不讲，要讲就是实话，黄君则是除非要讲，否则都是谎话，我是有问必答，虚实参半。当时，我们三个人不仅未婚恐怕也被认为不可能结婚——一个是人生仍留在颤抖阶段无法承受婚姻重击，一个抱持改造社会热诚不愿失去奋斗的自由，一个过于幻灭自行阉割结婚念头。拐弯抹角问你，如果每一任恋情比喻一个朝代，现在到哪一朝？你盯着天花板抽烟，一脸老实："大概到了'民国'！"

一九八六到一九八八两年间，你除了《人间》杂志还参与筹组工党。一九八八年九月，我们在安和路合租办公室，我与朋友合创出版社，你集资八人开办传播公司，雇用五个职员（其中一人，后来成为"无住屋团结组织"的要将）。我既是股东之一当然替你管点内账。你心不在商，常在财务上把我搞得焦头烂额。有几次到了月底，还得想办法"跑"薪水，我相信可敬的王妈妈一直是你的"合作金库"。有一次，你把某股东交给你的股金在半路上借给朋友还赌债，我为此与你大发脾气，你居然说，午夜以前若还不出钱，黑道恐吓要剁手。我正在气头上，回说："没本事赌什么？剁了活该！"你竟然接着说："那他老婆、小孩怎么办？"

渐渐发现，那间办公室到了晚上高朋满座，事后才知道是各路精英人马，完全跟业务无关。你长期多头燃烧，体力渐渐不济，大白天敲门进来，整个人往我办公室那张沙发趴倒，没几分钟即沉睡，有时晚上也睡那儿。你疲惫日深，一九八九年三月下旬左右决定在四月底结束公司营业。你告诉同仁们经营上的困难，相约各自到大公司去"受训"，一年后再会合重新开始。也许你真的如此盘算，但我并不认为这是一个可以实践的诺言。你的一些具理想性与战斗性的朋友从另一个角度来理解创办公司的你及后来任职"宏碁计算机"的你，因而对你有所质疑。如果他们能了解公司早就被你运作成一处基地，从事与招财进宝几乎无关的活动，以致不到半年不得不歇业，让有些股东极不谅解的过程，我想他们会同意我问这样的问题："介安，你为什么要开公司？"

　　这段时间，你几乎失去锐气与开朗，常常一个人憔悴落寞地关在办公室抽烟。你不是会倾吐内在郁结的人，表面上开朗乐观鼓舞他人士气，暗地里对自己进行严苛批判。介安，安和路时期是个伤心地，我完全了解你的压力与"自责"，再也没有比这更尖锐的匕首了。

　　当时，你刚认识小玉，一个坚毅美丽的女人。有一回，老井一家、小玉、你加上黄君，开车到我的宜兰老家玩。尚未成为观光胜地的冬山河春雨绵延，我们走在潮湿的田埂上，瞭望无际的柔美稻原，白鹭鸶带雨飞行，拥有它的方向。迷蒙的天空下，我们三个流浪汉在河上木桥各自抽烟、喝酒，河水缓缓流淌，漂洗青春，浮散梦想，印出三条孤寂的黑影。老井夫妇与小玉先走，消失在稻田另一边。你腼腆地问我们："怎么样？"细雨濡湿我们的脸，暮色开始苍茫，我心里暗叹人生像一场大虚幻，何必因挣扎而挣扎、执着而执着，哪怕只是一根草的幸福也该抓住，下一波猛浪袭来，说不定连一根草也没了。我说："结婚吧！既然爱她！"几个月后，先后接到黄君的与你的婚讯。你们分头走入婚姻道场，倒撇下我了。

再没有痛苦鞭打你的额
呐喊不再撕裂你的喉
你走过的路已被灰尘掩盖
爱成就不了爱
七尺汉子喂给饥饿的木柴

同年，你到宏碁计算机上班，我搬至深坑，各自安顿。你订一九八九年十月一日结婚，跟政治无关。我因演讲无法喝这杯喜酒，后来你寄一张结婚照，新娘娇美端庄，你自己倒很电影手法，戴个大墨镜，脖子挂纸牌，写"自由"二字，又用黑笔打了大叉（现在想起来，这张照片犯了忌讳）。失去单身自由但获得挚爱的人厮守，也是人生难得的幸福。谁晓得次年春夏之间听说你得了肠癌，要去探望时你已出院，电话中，你依旧爽朗洪亮，轻轻松松丢了句："没事！"介安，我忘了你是学电影出身，擅长编剧导戏。

你患病的这段时间，我们除了电话与信，从未见面。我想不见面也是对的，免得提问："你就这样待在宏碁了！"之类的问题。难得有一回，你在信中问我深坑的居住环境与房价，我几乎以接近中介商的推销口吻写了长信鼓励你搬到深坑来，后来也不了了之。我并未警觉到你是否因身体的因素想找静养之处？我甚至疏忽了最后一通电话，今年农历春节左右，你说公司歇业之后，陆续有些进账与支出，如果股东们没有异议，你想正式结束它，依照各人比率结算总账。不久，你寄来报表及一张支票。我现在才知道，你闷不吭声地在料理后事了。

去年，收到五封你的信，一封赞美我的文章，敲锣打鼓说我有希望成为"国宝级"（你又在骗我了），信中说："从而，我开始有点为你担心，希望这样的事不要发生太多次，王勃、李白那些梦中笔头生花的人，总是遭到天忌……一般靠文字创作的人（其实所有的艺术家都相似），总在某一个时刻发现他的致命之处：在于无法驾驭他的创作工具。如果，这个问题对少数蒙缪斯女神眷顾的作家来讲不是一个问题的话，那么，剩下的另一个问题就很简单了：我要如何孤独地，走到那个能和天地一样不朽的地点啊？"介安，我现在才知道写这封信时你的身体已摇摇欲坠，你替我操什么心？有没有弄清楚天忌的是谁？认识以来，你像兄长待我以诚、以真、以无价的惕厉，我虽非良驹，也兴起驰骋之志。只是，你再也看不到我的作品，我再也听不到你的诤言。

但愿不再想起那封沉重的信，字迹潦草，你说每天从台北搭交通车到桃园上班，高速公路上所见景象一成不变，好像黑板上写的固定公式，擦掉，写上，又擦掉……信中依然不报病情，忽然没头没脑写了十四个愿望："愿简媜成为最好的作家。愿简媜幸福。愿简媜完成'三民主义'（一夫、一妻、一子）。愿简媜硬硬朗朗。愿简媜长命……"流浪汉啊，我但愿你从未为我祈祷，但愿从此不再忆起这封信，以及你告别的心情。

你要去的地方有一条忘川

摆渡人似爱妻的脸

清酒一壶　小菜两碟　宛如生前

你蹲坐河边

对岸　光影狂舞荒漠

天空　一只孤鹰盘旋

你迟迟不愿掬水

有人牵扯衣角

回头　乃牙牙弱女要求最后一抱

流浪汉啊！

折柳划钢　钢亦有血有泪

你如何解释死别！

　　第二殡仪馆告别式中，你的女儿子翎，安静地吮吸奶嘴，盯着爸爸的遗照看。她才一岁多，还不懂悲伤。等她长大学会认字，她会从这篇文章知道，她的爸爸在生命最后写给简阿姨的信中曾提道：“这孩子遗传了我的面貌，看着她一天天长大，成了我的生命最大寄托。”她会了解父亲的爱，以你为荣而坚强地替你活下来。祭礼如你所嘱，不发讣闻不收奠仪，你用自己的方式结算“王介安”三十七年人生总账，来得明白，去也明白。简短一个小时告别式后，即刻送入火葬场，你交代妻子，海葬。你的家人于六月十三日携骨灰乘船至花莲外海，撒入太平洋。介安，你走之前曾答应我，找一天约黄君到深坑我家喝茶，有个朋友还欠你两箱啤酒，你一生重情重义，好不好魂兮归来朋友们痛痛快快喝一场！这几天雷雨交加，花莲的海浪冷不冷？介安，相知一场，白白承受你的照顾，“谢”与“再见”就不说了。你生前抱病为我许愿，我无以为报，现在轮到我，为你写下最后的哀祷：

　　　　愿海鲸为介安开路

　　　　愿太平洋为介安吟唱

愿海鸥带他上岸　不让介安流浪

愿天空没有乌云　黑夜总有星光

愿珊瑚皆柔软　不要刺痛介安的脚

愿暴风雨平息　船舶避开介安的胸膛

愿温柔的天使抚慰介安的灵魂

游鱼朗诵　安息的诗章

愿慈爱的神答应他的伙伴

一个好男儿交到你手上

请日日夜夜　守护

我们的介安

一九九二年七月发表

作者注：

这篇文章发表后至今二十九年，有两件事值得一记：一、那个安静地吮吸奶嘴，盯着爸爸的遗照看的一岁多婴儿，长大后看到这篇文章，寻到了我，借由父亲朋友们的谈话，重建原本一片空白的父亲形象。她现在是一个教育工作者。二、介安抱病为我许下的十四愿望中，至少实现了三个幸福、完成"三民主义"、硬硬朗朗。

辑五　停泊在不知名的国度

阳光照亮琉璃砂

——沙捞越纪游

旅行片语（一）：

我们透过旅行看到自己的倒影，像纳西索斯以生命换一朵高洁的水仙。你的灵魂在昨夜窜逃，撕下那张被文明油渍与尘垢浸染的人皮，冲破时间与空间之铁栅，如大鹏举翼飞渡中国南海。你已遗忘台北，迷恋风速、流云之舞姿与繁星跳入海里洗濯裸躯的盛景，你昨夜必定躺卧在棕榈树下面对发光的海洋喘息。而现在，你的身体准备搭乘飞机与你会合，戴着一顶非常古怪的猩红色草帽。

对于沙捞越，我所知有限。或许这也是旅行的一种方式，因为无知故不会从自身的局限去预设态度或观点，变成偏食的旅行者；反而转向放纵想象力，使自己恢复了童稚。

四小时多的航程抵达吉隆坡，已是晚间八点半，即刻转九点半小客机飞东马来西亚沙捞越州首府古晋（Kuching）市，十一时降落前，从窗口看到一片漆黑。被台北俗艳的霓虹灯、喧嚣车阵、拥挤人潮与忙碌生活节奏调教出来的都会人恐怕很难面对无边的黑暗、静寂与缓慢，仿佛失去时间与空间坐标而飘浮起来，这可能是最严重的时差吧！

瞭望黑暗的古晋市，我感到自己很久没有看到这么纯粹的黑夜，隐藏在它背后那套依循日出日落的生活情调，已令受尽文明折磨的我向往。

旅行片语（二）：

The great thing about cats is that they possess two qualities to an extreme degree—dignity and comicality.

—T.S. Eliot

艾略特爱猫就像爱孩童一般。古晋就是猫的意思，据说当年白人到这儿来，指着辽阔的平野问地名，马来向导沿着指头看，正好有只猫懒洋洋地走过，答以"古晋"，就这么叫下来了，颇有禅宗指月之辨的趣味。这种传说显然缺乏天崩地裂或旖旎浪漫的神话魅力，但很诚实，也有热带的慵懒风味。当然，比较正派的说法是一八七二年第二代拉者（Rajah，统治者之意）时期，因此地有一条野猫常出没的猫河围绕才得名。想必在未普遍开发的时代，棕榈与椰林交耸的辽阔平野上，长年吹拂一股袭人的热风，海浪拍袭陆地造就星罗棋布的狭仄小河。每到黄昏，火红的夕阳辉映在河面上，如破碎之红光，一群野猫纷纷从丛林走出，沾洗尊贵的猫须、舔理猫爪，而后在月光下，喵喵地追逐取闹，使这块肥美的土地共鸣着虎啸般的海浪与缠绵的猫嬉。

古晋市区蹲坐一只泥塑的大白猫，肥敦敦的约两人高，当地导游郑先生说，这猫已变成市民的宠物，当华人庆祝旧历年时，它就穿戴华人服饰变成中国猫；当伊班族（Iban）庆丰收过达雅节，它摇身变成土著猫；洋人过圣诞节，它又成了洋猫……整个沙捞越一百五十万人口分别由不同族群组成，主要是伊班族、马来族（Malay）、华人（Chinese）、毕达友族（Bidayuh）、马兰诺族（Melanau）、加央族（Kayan）、肯雅族（Kenyah）、加拉必族（Kelabit）……每族又有分系，如华人可分客家、广东、福建，如此庞杂的族群结构亦微缩在古晋市三十万人口中，语言、文化、宗教、生活形态各异其趣，却能奇迹地显示在那只具有和谐精神象征的猫身上。它已是热带圣兽，变成信仰，我们很难分辨是它无意中替政治铺了路还是政治借着它回魂？位于古晋市的"沙捞越博物馆"是东南亚著名的博物馆，馆中附设猫馆，收藏各式各样与猫有关的艺术精品及一只（应该说"一坨"）猫化石。我开始觉得这只猫太有创意了，政治与文化结合如虎添翼维系了有机结构，面对如此庞杂的族群分层，与其扬显某一族强制其他族群服膺，不如寻觅新的图腾让所有族群在各自认同本族后乐于接受更大的认同。如果前者是减法术，后者便是加法术——对伊班、马兰诺、华人……而言，他们没有失去旧有的，反而多得了一只猫！

看惯了美国与欧洲的宏伟建筑、繁荣花都的人在这里可能有点失望，但对于谦虚的旅行者，渴望走入人类的记忆寻思从原始到文明的悲怆之路，这儿像一首动人的叙事诗。它忽然从沙捞越河畔建于清咸丰年间的"大伯公庙"现身，向你叙述两百年前华人从南中国海漂流而来的包袱里有一尊土地公，他们选择背山面水的地方盖一间小茅屋开始祭拜他，清香与银箔是从故乡带来的，水果就用榴莲、山竹与印尼柑，认真地数算阴历初一、十五，祈求亘古以来一直被中国人祈求而尚未实现的两个字："平安。"他们努力学习马来话、英语，用闽南腔或客家腔。一代代养育子孙像热带滨海沼泽落地生根的红树林，前段的为了扎根，中段扩散，后段占领陆地。他们终于涵育了两种心灵，在漂泊中肯定，又在肯定中惘然。你可以在古晋市最古老的那条街上揣测华人打拼的历史；或在新兴市区看到中国人的影子，一栋崭新建筑糅合洋式结构，马来敞窗加上中国农舍式的屋顶，你从谐趣的造型仿佛看到负责屋顶的泥水工再怎么努力摆脱也还是盖出了中国式屋顶。你还可以从一块同时写着英文、马来文、华文的市招上读到"福建""高雄"等字眼……你应该怎样聆听迁徙的故事？叙事诗不是为了呐喊，它只是透过吟游者的歌喉缓慢地叙述，让聆听者缅怀、理解者沉默。

河左岸，另一段叙述已然开始。炽烈的阳光照着黄浊的沙捞越河，"大伯公庙"遥对"玛格烈达古堡"一八七九年拉者时代之防御要塞，而今变成警察博物馆，收藏十九世纪中叶以来种种——军火武器。这真是具有历史意义的对比，这边诉诸神祇，对岸诉诸武力，而根据历史的定律，武力殖民的史页上总有血斑，神祇垂悯的诗章里总是泪光。

旅行片语（三）：

这是什么意思？可能是土著的生活日记吧！且让我这个自作聪明的"文明人"翻译一下：方盒里有一支很厉害的矛，现在它在睡觉。我在亚答椰叶盖的屋子里与美丽少女手拉手唱歌跳舞，突然一阵东风把旗子吹歪啦。我拿起长长的竿出去打椰子。后来，又后来，我与她在屋里吃椰子，一个吃了一半，另一个还没吃。

您对我的翻译满意吗？

内陆各土著部族只有语言没有文字，从四万年前尼亚石洞开启沙捞越历史开始，时间的每一寸肌肤即是文字，舂米本身是文字、狩猎是文字、舞蹈也是……甚至连猎人头也是文字的一部分，我们从悚动的传闻中看到蛮荒与野性，但对他们而言却是雄壮的族魂。一个没有刺青的男人会被瞧不起，那表示他从未猎得人头——猎取别人的守护神以荣耀他的部族守护神，祈求更丰饶的庇佑与给予。换言之，他未对部族做出贡献。猎得一颗人头，才被允许从手指开始刺青——等同于现代人的奖章、荣誉状。如果，你看到一位伊班族男人浑身刺青直到颈部，表示他的一生充满英勇事迹，如同我们在党政要员家里目睹无数奖章一样。在这里不难看到人类追求荣誉的意志（它隐含了族群内部竞争以决定权力分配）从原始到文明演化的轨迹。刺青所宣示的一生故事，其传播效果恐怕比名片或一部回忆录更稳固——至少，不必担心辞官归田或政治风暴之后被打成"禁书"，人皮总不能剥吧！同样，对女人而言，织布机上的图案就是她的文字故事，丛林、鬼神、动植物、天象、花果……她编织着自己的梦想，图案愈丰富多彩，意味她的心灵能像神秘的预言鸟一样自由翱翔，与隐藏在河流、丛林、高山的守护神亲昵交谈。当男人猎得一颗人头，女人便送一匹布织，表达爱慕与歌颂。在漫长的时间流程，他们依赖独特的文字叙述传承部族命脉，靠着种植、渔获、狩猎维系了丛林乐园，除了偶尔从南中国海驶来中国商船，以青瓷陶瓮、首饰丝绢交换犀鸟角、琉璃珠与燕窝外，他们的日子如一首轻缓的古歌，在颂扬日出中，婴儿变成善舞少年；礼赞日落时，少年成为狩猎勇士；于北斗七星的柄勺下，勇士变成布满刺青的老者……古歌一遍遍传唱，直到现代文明的铁掌拨开丛林。

位于达迈海滩旁的"沙捞越文化村"斥资九百万马币约十七英亩广。依山傍海，整个大景观刻意保留原始自然面貌，减少人工干扰，使文化村不至变成呆滞建筑。各部族的长屋、高脚屋依其传统形式、建材呈现，室内陈设亦模拟生活原貌。伊班、毕达友、马兰诺、马来、华人……七大族群的传统屋分别环绕一座人工湖泊，象征逐水而居的文明起源。各族内有穿着传统服饰的工作者展示其生活方式、特殊工艺，并以独特的乐舞迎宾。当你走向华人农舍时，可以听到敲锣打鼓的舞狮阵，大老远欢迎你的到来。

作为一名观光客（虽然这三个字令我敏感），我无法欢愉地享受这些。这是微妙的矛盾，一方面了解在观光浪潮下它必须透过文化村快速地向远客介绍自己，另一方面却深沉地感慨所有土著部族无法避免走到这一步——当它被展示，意味着即将消失。无论分布在全球版图的哪一处冰山雪岭、汪洋小岛、沼泽丛林或深谷野溪，总有一只看不见的魔手渐次伸掌，喂他们新的食物、启发新的欲望，以新的价值观取代旧德，使之成为庞大且无节制扩张的文明体系的俘虏。坐在现代化设备的文化村表演厅观赏各部族传统歌舞与狩猎的故事，我内心的矛盾到了顶点，有没有一种更大的仁慈既能承诺他们改善物质生活又能守护旧质？谁是仁慈的给予者？谁是慷慨的掠夺者？灯光绚丽的舞台上，悠扬的沙贝琴声如慕如诉，仿佛从雨季丛林深处传来濒临绝种的犀鸟之啼，又像寂寞河域上，一只漂流木舟呼唤猎人归来的泣声。

这世界，有没有更大的仁慈？

旅行片语（四）：

Kopi O, Kopi K, Kopi O K,

Kopi C, Kopi Peng, Kopi O K Peng, Kopi Peng-

Peng-Peng.

Teh O, Teh K, Teh O K Peng,

Kopi-Teh O K Peng! Peng! Peng!

这是擅长吹箭狩猎的本南族的巫神咒语。相传远古时代，有一位婀娜娇美的酋长之女爱上族中最骁勇的猎士，由于他酷爱在丛林追猎野兽或独自驾舟探险，使少女经年累月坐在眺望高台上对着他出门的方向等候。族中巫神怜悯少女的心，于是在河滨生三天三夜焰火，垂目默祷、谛听天籁，祈求天神赐予神秘咒语以收服猎士的心，终于在日出时获得一首谣歌似的咒语……

咳，以上纯属虚构。

其实是茶室菜单上的音标。Kopi 就是英文"coffee"变成"咖啡"转成闽南语发音的"加逼";O代表闽南语"黑",Kopi O 就是黑咖啡。K 是闽音"gǎo",有"浓、厚"之意,如果你要喝又黑又浓的咖啡,那就是 Kopi O K。像我喜欢加鲜奶,添个 C(cream)就成了。大热天,喝冰咖啡比较顺溜,再加 Peng(闽语:冰),所以又黑又浓的冰咖啡就叫 Kopi O K Peng。Teh,茶也,闽音。如果我想喝又黑又浓的咖啡加红茶,麻烦您替我"叫"吧!"茶室"就是简餐小吃店,别涎着一张脸幻想春秋什么玩意儿的。

椰影摇曳,达迈海滩上夕阳染霞,令人身心舒放。次晨,乘快艇往沙当小岛海泳,航程约四十分钟,海洋是淡翡翠色的,山都望山形似"山"字,浑圆且丰盈,莽苍墨绿,如传说中熟睡的山都望公主。阳光当然是新银的颜色,烫而且带着细刺,沿途望去,海洋迎光处是一片流泻的银,背光处像一匹绿色的软纱。小岛上看不到现代文明踪影,除了夜半上岸产卵的大海龟足印。沙子细柔,闪着象牙白光泽。整座小岛像儿童般纯洁,我们一行人竟也恢复童心,浸润在海洋原乡里,如一枚会唱歌的贝壳。

我必须追述一个人,担任当地导游的郑君,二十多岁属第二代华人,曾来台湾读书。如果,这次旅行亲炙沙捞越原始自然美景令我缅怀,我更愿意说他身上流露的那股对沙捞越土地的醇厚热情令我感动。他爱这块土地视之为上天恩赐的琉璃宝珠,观光客与宝珠之间如果要他选择,他会虔诚地选择琉璃珠，因为被文明破坏的再也不能恢复，而恩赐只有一次。在巴哥国家公园丛林里，他视那些交缠互生的树木、植物如兄弟，请不要随手破坏它们，这里的一草一木有其完美的秩序，他弯腰捡起观光客扔下的饮料袋置入垃圾篓，他多么盼望美丽的沙捞越永远纯朴、洁净。

他有一口洁白的牙齿与温煦的笑容，长年茹素。我不禁相信当他必须接待下一批观光客时，他的心中不断呼喊着：我的沙捞越！我的沙捞越……

请用谦虚的心与地球情人的身份去沙捞越，或世界的每个地方。除了爱与足印，什么都不要留下。

一九九二年八月发表
一九九四年六月修订

停 泊 在 不 知 名 的 国 度
——法国纪游

埋雪之豹

终年覆盖白雪的乞力马扎罗山是非洲最高山，西面峰顶被称为上帝之屋，有一头豹尸僵成一片薄翼，安静地躺卧雪泊。没有人能解释，这头豹跑到这么高的峰顶为了追寻什么？

当飞机抵达戴高乐机场，寒冷的气流如千万支银针刺遍全身，我恐惧冷，因为这种莫名的畏惧而心绪翻腾，那头雪豹蓦然涌现，从海明威的小说里单独逸出，进驻我的胸膛。遂开始在时空坐标中迷航，曾经熟稔的亚热带产雨岛屿，肃杀的北地边塞及落樱似泣的深山寺院……宛如拍浪袭击，不知此身搁浅何处。在错乱且骚动的记忆断片中沉浮，那只冰豹像唯一的实体引我靠岸，因感同身受那股无从抵抗的冷而渗出微热。虽然，我仍然不理解它为何攀越雪崖，赴一趟致命追寻？

清晨的巴黎街道宛如被雾封锁的墓场，除了几辆梦游昆虫似的街车，隆冬的冷血之手拂过每一栋潮湿的建筑，每一棵枝丫虬结的黑树，使它们毫无怨言地滑入安息阶段。车子绕过香榭丽舍大道与凯旋门时，我蜷缩在座位上隔着玻璃窗搜寻电话亭，可悯地默诵国际冠码与太平洋海涛中那座岛屿的代码，想确认它存不存在，火炉上有没有跳逗欢愉的红汤圆，在古老的冬至日降临之时。我开始懊恼自己莽撞地进入这趟航行，Dorling Kindersley 精致的旅游书甚至描述了花神咖啡店与丽波啤酒屋内座椅的颜色，我其实比较适合像蜥蜴一样隐居在温暖的书房，舐舐波德莱尔诗中巴黎的体味："蚁聚的都市，布满着梦幻的都市。那儿的幽灵在大白天公然勾引行人，不可思议的神秘像树汁到处流动，在这庞大都市狭窄的动脉间。"

懊恼已经来不及，埃菲尔铁塔半空，一轮勾魂摄魄的红日自浓雾中浮现，像情妇的脸。

然而，那是个谜，为什么记忆中曾在巴黎居住或自助旅行的朋友谈起他们的经验总有一股奇异的神采，带着骄傲与尊贵。他们不知不觉开始改变发型、衣着以及谈话风格，甚至毫不讳言巴黎是他们的心灵庄园，不管如何拮据，总要想办法筹出旅费再去放牧一趟。我想不出还有哪个城市可以跟巴黎争宠？仿佛是鸦片，只要轻轻舐一口，这辈子就完了。

也许，答案不在卢浮宫内那尊展翼欲飞的胜利女神雕像上，也不在凡尔赛宫广场前策马奔天的路易十四身上，是一种静止，糅合罂粟之激滟与鸢尾般高雅的静止，使这个城市的空气充满足以诱魂的浮香。巴黎是为异乡人准备的，尤其是那些罹患漂泊宿命的灵魂，他们可以在这里放纵感伤或仅是喃喃自语，可以梦游似的倾听仍然在空气中鸣动的老灵魂们的咏叹，来自雨果、福楼拜、毕加索、莫奈、凡·高、海明威……甚或坚持用蓝色长窗帘将自己幽囚的普鲁斯特的嗽声。这些飘游的灵魂在这里寻觅短暂的慰藉，并领取分内的孤独。

犹如，那头雪豹在上帝之屋领取死亡。

柿色风景

从巴黎往西行，罗亚尔河畔城堡古都杜尔（Tours）仿若空城，隐于萧瑟且茂密的枯树条背后，砌筑在河上的雪舍农索城堡（Chenonceau castle）像泡了水的炭笔素描，四百多年已看不出荣华富贵曾经在城堡内高声喧哗过。隆冬严寒，旅客极少。有人在黛安娜寝宫内低声谈论风流韵事，由于空荡，仍有回音，她是亨利二世宠幸的情妇，但那已是四百多年前的微尘小事了。我探看壁炉，不知道还能不能发现一小撮灰烬可以浮现天鹅绒软帐内的身影，火焰最擅长记录艳史，不是吗？

不禁想起永远不死的欧兰朵，当她回到橡树丛林护卫着的宅邸时，月亮自森林中冉冉升起，它的光芒召唤出一座城堡的幽魂，一切都是幻影，一切都是寂静。弗吉尼亚·伍尔芙这么写着。如果，黛安娜也是在深夜回到御赐的舍农索，擒着蜡烛抬头凝视壁炉上方那幅巨大的自画像，她会怎么看待复印在每名游客脑海、永远浸泡在绯色汁液里的自己的一生？

波尔多（Bordeaux）是靠大西洋东岸的著名酒城与港口，就地理位置而言，属法国西南。雾茫茫的平原上，绵亘着冬眠期的枯葡萄园，石砌农庄旁边，几棵无叶之树，枝条纠结，远远望去，仿佛绣上去的，有种被冷霜打过的孤寂。靠近些的小房子，夸张的粉白外墙爬满网状蔓藤，褐色与暗红的叶子枯了大半，仿佛四分之一个秋天随风漂泊得累了，趴在上面寻死。不知名的矮灌木丛，结成串红珠果，倒像喋喋不休的女歌手。冬天的葡萄田野少了酒的丰饶意象，比较接近筵席散后，该回家的回家，该流浪的继续流浪。

附近的酒厂也开放参观，接待外地旅客。我深深觉得此地的人善于经营，懂得营造深具特色的氛围以延伸收益。名叫 Chateau Giscours 的酒厂约三百多年历史，马蹄形三层高建筑仍然保留旧式城堡风貌，前庭以细碎的石子铺成一波静止的石浪。建筑背后即是辽阔的葡萄园，从庭地往前延伸，却是令人赏心悦目的树林与青茵，高大的印度石栗、梧桐、桦树……像耸立几世纪了。靠近庭前路边，一把漆得雪白的木制长椅安静地站着，背后不远，一棵年轻小树抖尽叶片，献出艳红柿果，在深绿的高树背景与冬日傍晚流淌的冷风下，真像一幅小品绘画，与这幅古老的酒堡共鸣。我想，每一个参观酒厂的游客就算不记得复杂的制酒过程与葡萄品种，也很难拒绝在暖和的品酒室小饮之后购买几瓶佳酿，更难遗忘擒着酒杯走向广袤的苍茫树林，完整地面对那把白椅、那棵红柿的感觉。你会想起远方的情人，想对他倾诉：若我看倦了风景、走累了路，你是否愿意变成酒色石头，让我把余生靠一靠。你会想起生命中过眼云烟的欢愉。

我想起台湾，在那么美的岛上，观光果园与茶园所提供的感觉却如此不同。

古堡群鸽

从波尔多南下卡尔卡松（Carcassonne）是一段飞雨行程，疾行中，车窗外不断掠过的黑屋顶与白墙，在饱含水汽的原野上，像一部裸体作战的黑白片。进了城，雨歇。公园里老人们丢掷铁球游戏，什么都是老的。罗马人建造的老城墙、老习惯、老建筑、老季节、老夫妻，甚至连狂野与颓废也带着老的气味。一条黑色的狗异想天开地朝街车小吠，有点撒娇的趣味。我反倒喜欢这种情调，隐匿在地中海与比利牛斯山之间的阴恺古城，可以把前世与今生、历史与情书、星期天的咳嗽与奶酪、三色堇与葬礼、激情与松露，一起晃晃荡荡地老去的感觉。

奇怪的是，在愈颓唐的古迹里，我愈容易感到身心俱饿。

卡尔卡松的城史跟一头塞满谷粮被扔出城墙而暴毙的猪有关，查理曼大帝吓坏了，决定退兵，谁敢跟攻了五年还粮食泛滥的城民纠缠？其实，整城都快饿死了，只那头猪塞得饱饱。可悯的猪，不知道它的胃袋内包不包括松露？

《玫瑰的名字》里，意大利记号语言学家安伯托·艾可描述猪最擅长寻觅长在地下三厘米左右的天赐尤物松露。大清早，牧猪人陪着几只猪到山坡、原野散步，一瞧见它刨出松露必须立刻抢救，免得被猪私吞。松露与"魔鬼"同音，倒是有趣。这些是书上说的。看完小说，特别把那一段又看一遍。到了某种年纪，对跟吃有关的文字特别容易激动，真是惭愧。可惜这次在法国没吃到松露，后来不小心在黛安·艾克曼的《感官之旅》又看到松露，颇有二度中风之痛。据书内说曾有作家描述松露的味道是"热带下午激情过后，皱褶的床上所留的麝香气息"。能把松露写到这种地步，除了微笑赴死之外，别无他途了。既然人生至此，干脆再自我凌虐一下，彼得·梅尔《山居岁月——普罗旺斯的一年》非常煽情地写道："我们叫了松露烘蛋，多汁、饱满、松松软软——的，每一口都吃得到那珍稀如金的深黑小块……"还说："我们用面包把盘上余汁都擦净吃掉"，看这种描写简直像目睹床第云雨，心里十分向往又莫名地极度憎恨。

卡尔卡松之所以成为建造在山岗上坚固的中古老城，跟常常越过比利牛斯山前来打扰的西班牙人有关。被两道高耸的石砌壁垒包围着的旧城内，包含教堂、露天剧场及著名的康达尔堡（Chateau Comtal）。整个旧城完整地保留下来，自公元三、四世纪开始出现的第一块城砖到漫长的时间激流里——砌筑出的城堡，雄壮且孤寂地屹立在旅人面前。黄昏的冷风漫天呼啸，从步入 Narbonnaise 城门开始，宛如走进异邦人的历史迷宫，不必再引述英勇的浴血战役，整座旧城即是一部历史教科书，远远地与卡尔卡松的现代市民共度晨昏。

沉淀了几世纪灰尘的古堡，甚至记录鸽子族裔的分布图，我努力睁着旅人的眼睛凝望，那栖满古老灵魂的城堡从不屑看世人一眼，但它保留庞大的空间，让鸽子藏身。

古迹的意义在哪里？也许，只是为了向历史致敬吧！

蔚蓝海岸的野鸥

背对英格兰大道，尼斯（Nice）的阳光洒在地中海面，拉出一条闪金光带。这儿的温暖不分富豪、游民，每人一匹。单位"匹"之后的名词随便你加，公马、银制餐具、婚礼、可颂面包、艳遇，或是一种想家的心情。

砂石海滩上，戴鸭舌帽的人牵狗散步，海湾上空，灰鸥与黑鸽回翔。风近乎薄冰，正好让人有一些感情的距离来感受这一切。

最想念的，还是台湾。

什么时候，岛上的人民也有一湾洁净的海滩，牵着孩童散步？有一座古城或老街让年轻诗人在历史的苍茫里冥想？有衔着蓊郁森林的寻常街道可以沿路思索生活的重担是不是甜蜜？有到处可以栖息的美术馆与剧院，让灵魂上岸？有瑰丽的画作装饰我们的墙壁，有磅礴的作品安慰苦苦寻觅的心？

地中海的暖浪一波波袭来。我不确定旅行的地方是不是叫"法国"？我只知道此刻停泊的国度，名叫"愿望"。

一九九四年四月发表
一九九四年六月修订